四C人生：阿德勒心理健康雕塑系列手冊

心理健康
歸屬與勇氣之旅

The Six Essential Pieces of the Parenting Puzzle

From the combined wisdom of
Alfred Adler & Rudolf Dreikurs

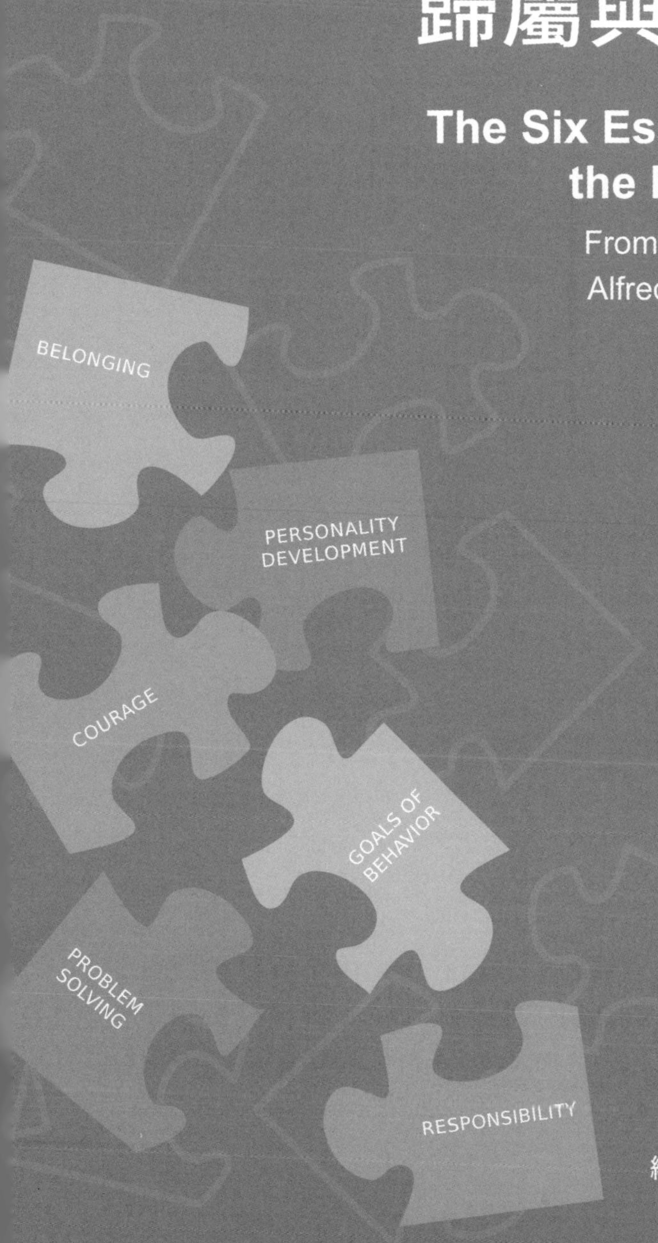

Betty Lou Bettner 著
總審閱 楊瑞珠／張倪綸 譯

審閱序

楊瑞珠

阿德勒心理學是一個生活哲學……阿德勒相信心理健康的配方在於每一個體一定要感到自己是有歸屬、平等的存在，並能進而關懷他人。—— Bettner（2014, p.6）

阿德勒心理學透過《自卑與超越》(原書名文爲 What Life Should Mean to you）中譯本引進臺灣後陸續有不少譯自英文、德文和日文翻譯之相關書籍，但能把阿德勒龐大知識體系化爲具體可行助人策略的書眞的少之又少。

當代阿德勒心理學者貝蒂露博士（Dr. Betty Lou Bettner）從 1989 年開始根據阿德勒所認爲人類有歸屬感、長進、意義和鼓勵的心理需求提出家長和教師可運用在孩子成長的四個關鍵 C（簡稱四 C：Connect 連結，Capable 能力，Count 價值和 Courage 勇氣），如今已多方應用在教養、兒童的遊戲治療、青少年的輔導、創傷治療、家長及教師的諮詢、教師專業社群、組織成員的態度檢核和公共衛生等，無論應用之處爲何，四 C 不但可用來估評協助個人及社群團體的關係效能，也可用來作爲促進改變的目標和策略。

筆者備感榮幸地能介紹貝蒂露博士認識臺灣，更感動譯者群付出心力自費出版五本「四Ｃ人生：阿德勒心理健康雕塑手冊」。本書是此翻譯系列之第二冊。

本書譯者張倪綸博士／諮商心理師鑽研阿德勒心理學已十來年，對少年矯正學校收容少年多有實務和研究的投入和心得，已在世界、北美和臺灣阿德勒心理學會多方發表，是臺灣第一位以四C概念開發實徵性量表者。在社會貢獻上，我看見倪綸以臺灣阿德勒心理學會理事和課程召集人角色，在疫情期間不辭辛勞，不計較代價地爲臺灣夥伴開設認證課程，即時地爲 2021 年臺灣花蓮太魯閣號事故後辦理線上創傷壓力緩衝團體及一年後的追蹤服務。本書內文和附件內容非常豐富，由倪綸來翻譯眞是再好不過！

本書的靈感主要來自魯道夫・德雷克斯（Rudolf Dreikurs）所著《孩子的挑戰》一書。德雷克斯博士把阿德勒在維也納創設孩子諮商中心的模式帶到美國芝加哥，也共創了眾所週知的阿德勒大學。貝蒂露博士根據阿德勒所洞悉的人類需求和德雷克斯談孩子行爲目的之理論，在本書提供讀者六個息息相關的實際應用的方法和技巧，以讓孩子產生四個關鍵能力。

這六個技巧分別爲協助孩子建立和維護各種關係，了解孩子的性格發展，鼓勵孩子擁有內在價値，發現和重新定向孩子無用的行爲目的，採用不會引發自卑感且符合社會平等的孩子教養原則，和讓孩子透過團體互動的過程學習分擔責任。

阿德勒心理十分強調人境互動，在社會不斷變動下，人的心理調適其實並無止境。本書中的六塊拼圖也是成人在家庭、婚姻、職場和社會關係建設與經營的六個策略。

因此，筆者邀請各位讀者不只以爲這是本有關孩子教養的書，也能廣義地運用本書六塊拼圖爲整體的心理健康指南，作爲自己和他人心理成長和照護的最佳依據。

（序文作者爲北美阿德勒心理學會代言人、丹佛阿德勒心理生活學院及臺灣阿德勒心理學會創辦人，戮力推動阿德勒精神予全球華人；代表著作爲《勇氣心理學：阿德勒觀點的健康社會生活》）

推薦序一

蕭文

管教孩子的教養哲學，坊間有各式各樣的專書，有關親職教育的講座或論壇總是吸引許多關心孩子健康成長的父母前來取經。有的強調要給孩子自主的空間，有的也強調鼓勵孩子多元探索與學習，更有的會鼓勵父母多參與孩子的生活，從陪伴與支持孩子的過程中，讓孩子看見自己的光與亮。這些說法都具有相當的建設性，可是總覺得父母與孩子的互動應該不只這些，也覺得好像少了些什麼似的。

我自己是學諮商的，還記得 1978 年在密蘇里大學念諮商時，我的指導教授問我的諮商理論取向時，其實那時候我對諮商才剛入門，可是我的腦海裡浮現了兩個人，一位就是阿德勒（另一位是羅吉斯，Rogers），我的指導教授聽了我的回應後笑了一下然後回應我說：「希望你以後在與孩子的相處中，別忘記時刻要能鼓勵孩子，要讓孩子從內心發展出歸屬感。」還有，她繼續說：「要記得讓你的孩子對生活要有參與的勇氣⋯。」我當時還是單身，指導教授突然跟我說了這一段話，雖然沒什麼感覺，但我卻把它牢牢記住了。

最近，本書的譯者，張倪綸博士寄送了這本書，希望我能寫些勉勵的話，當我閱讀完這本譯著後，40 餘年前我的指導教授提醒我的一段話竟然就是本書的內容。多年來，在我講授諮商理論這門課時，我在阿德勒這一塊總會多停留一下；我會跟學生一同去感受阿德勒的人文關懷，也提醒學生在未來追求生命意義的同時更要兼顧社會和諧。

倪綸博士在她論文撰寫與我的互動過程中，我會感受到她對自己和對論文的勇氣，我覺得她和我是一同在創作她的論文。「合作」不也就是阿德勒的精神嗎？我期待這本書能帶給更多關心孩子健康成長的大家有一個新的視野。

（序文作者為國立暨南國際大學輔導與諮商研究所創所所長，現為諮商心理與人力資源發展學系榮譽教授，數十年來不遺餘力地為臺灣諮商輔導界領航前行）

推薦序二

鄭麗文

從事少年矯正工作20多年，每天面對的，是不斷追尋內在歸屬感的犯罪少年。前陣子倪綸邀請我閱讀此書，對於每天都困在爲少年們處理生活難題的我，阿德勒與德雷克斯的理論與策略，提供了我用更有系統的理論與實際的方法、技巧，來思考和面對與孩子們的互動。

「歸屬是心理健康的必要需求，每個人都會找到自己的方式去獲得，即使是處在幫派、極端教義團體……」。每天和我一起工作的這些少年即是如此。明眼人都看的出來他們被幫派利用，但偏偏就是執迷不悟，苦勸不聽，越陷越深啊！

我們常常搞不清楚少年們到底發生什麼事？阿德勒心理學充分說明了，這些少年怎麼了。他們並非「好人？壞人？傻傻分不清楚？」只是，在家庭關係、校園互動受挫的窘境中，少年們急著尋求歸屬感，幫派、極端教義團體成爲他們心靈的依靠。作者在書中提醒父母或是和少年一起工作者「要與他們發展出親密、信任與尊重的關係，否則很難對孩子或青少年產生影響」。唯有建立好的關係，也才能從幫派、極端教義團體手中搶回孩子。

知道這些少年的行爲模式是爲了尋求歸屬感，其實並不夠。許多與少年矯正工作的同仁們會說：他父母也很關心他啊！阿我們也很關心他啊！這樣還不算有歸屬感嗎？不要幫他的錯誤行爲找藉口！

其實，這些少年的行爲是源自於他們在找尋歸屬感的過程中，選擇了錯誤的方式，但這些別人看來錯誤的行爲可能爲他們帶來了某些好處而持續維持著，最後導致接受法律的制裁而失去自由。我們的任務是訓練孩子，學習以正確的行爲與方法達成目的。

矯正學校在民國 88 年設立，目的是協助犯罪少年在離開矯正單位後，能眞正適應社會生活，所以矯正學校的工作人員似乎代替了父母的任務，既要和少年們建立關係，也要讓少年爲獨立生活做準備。所有的孩子都一樣，必須克服某些困難才能獲得成就感，也要累積勇氣去面對未來，而我們可以幫助孩子的就是給予鼓勵。

本書作者貝蒂露博士指出鼓勵包括指出孩子的優勢、建立孩子對自己能力的信心，培養自尊，並點出任何方面的進步。對於這些已被社會視爲「壞孩子」的少年，大眾很難讚美他們，但作者指出讚美和鼓勵的不同，這確實提供和孩子們每天朝夕相處的父母和教育工作者，有更清楚的概念可以去強調他們的努力與進步。少年犯罪後，已在人生的谷底，看出他們試圖努力與緩慢的進步，才能找到鼓勵他們改變的契機。

孩子在尋求歸屬感的過程中，受到挫折是正常的過程，選擇放棄是孩子面對極度沮喪的一種解決方案，和孩子一起工作時，首要任務是學習如何提供勇氣，把握每一個給予勇氣的機會，表達「你眞的很努力」，也讓孩子分擔家務來做出貢獻，提供挫折孩子提升勇氣的機會。

閱讀這本書時，我腦海不斷湧現好幾個在矯正學校待過的孩子，他們在校期間被賦予任務，也受到期待和肯定，心性的穩定性確實變高。對了！近半年有一個常常違規的孩子，在我們交付他任務讓他正向的發揮長才後，確實就不再動不動發脾氣和違規，孩子眞的有進步。

阿德勒認爲人類有四種基本需求，包含：歸屬感、成就感、意義感和被鼓勵。作者與同事將這些需求整理成更容易理解的四個關鍵 C：連結（Connect）、能力（Capable）、價值（Count）、勇氣（Courage），而透過本書揉合來自阿德勒和德雷克斯的理論與方法、技巧，協助孩子們在團體中獲得養分，成爲情緒與心理健康的成人。對於每天和犯罪少年一起工作的我，在閱讀中可同樣接收了養分，繼續保有情緒與心理健康的爲孩子們貢獻與付出。

（序文作者爲明陽中學學生事務處主任、前輔導主任暨資深輔導教師、師鐸獎得主，投入矯正學校工作逾二十年）

推薦序三

徐君楓

臺灣近幾年吹起一陣阿德勒的風潮。市面上好幾本在談阿德勒心理學、談人的內在轉變的書籍，甚至也有知名的Youtuber 錄製介紹阿德勒和其心理學說的影片。然後我們開始看到開始出現阿德勒學派怎樣教養孩子的相關文章和知識，這本書就是其中一本；在我看來，它是說明如何應運阿德勒當中重要的四 C 概念來教養孩子很清楚的一本書籍。

身爲具有 18 年臨床經驗的資深心理諮商工作者，雖然阿德勒學派不是我個人主要應用在工作上的學派，但在閱讀本書初稿的過程中，還是對其很多正向、具體且積極的教養概念和說明感到很受用。整本書的寫作及翻譯方式，每個段落間都可以讀出「四 C：鼓勵、意義、能力和歸屬」的味道；這不僅是一本教家長怎樣用四 C 教養孩子的書，同時也是一本用四 C 概念和方法寫作的書，閱讀過程也會讓家長感受到力量和鼓勵感，彷彿找到了富含勇氣且有用的方法來教育孩子以及重新跟孩子好好相處。

心理學有趣的地方就是，看似百家爭鳴，很多不同學派學說，但我認爲其實條條大路通羅馬，是一種很多學者、有經驗之人、專家，用不同的方式與角度在說明同樣一件事情，就是「人，是怎麼一回事」、「經驗是如何形成的」以及，「改變是怎樣產生的」、「做什麼可以讓改變產生」。以依附理論爲主要工作概念的我，在閱讀的過程中，產生的樂趣是阿德勒的很多概念也跟我們談用依附概念教養孩子有很多類似之處。這讓我相信，經驗是可以互通的，而本書的核心理論阿德勒學派，我認爲它所提供的角度很適合想要賦予孩子勇氣的家長學習，甚至在這個過程中，連家長自己也會感覺備受鼓舞。眞心覺得値得一讀。

（序文作者爲資深諮商心理師、伴侶與家族治療師及高雄芯耕圓心理諮商所所長；芯耕圓爲高雄第一家合法立案的諮商所）

譯者序

張倪綸

心理健康是大家口中常說，但確切如何落實與照護仍眾說紛紜且不易聚焦的大議題，此書內容雖然看似是談論如何教養孩子，但亦在談論我們能夠如何於透過培養勇氣以尋獲歸屬的歷程之中，塑造出一個心理健康的個體。在這個歷程裡，四 C 是個清晰有力的指引。

我在少年矯正學校工作的這些日子裡，透過阿德勒的觀點看懂了許多學生行爲背後的原因，其實皆來自於無法感到隸屬而採取了錯誤目的。若能理解他們對四 C 的渴望有何不足，回饋以相對應的鼓勵支持，學生因而產生的改變，有時快速得令人無法置信。

四 C 概念是當代阿德勒心理學者，也是本書作者貝蒂露博士爲了讓大家可以更容易學習阿德勒心理學所精煉的重要產出。致力推廣阿德勒精神的瑞珠老師，很早期便將四 C 概念應用在許多不同的領域當中，深知四 C 不僅可視爲是目標，更是落實行動的策略，因而鼓勵我們將貝蒂露博士的四 C 系列書籍譯爲中文，讓臺灣對阿德勒心理學有興趣的夥伴能夠與世界阿德勒心理學發展接軌，了解阿德勒心理學遠不止於教養技巧的培訓，更重視個體孕育心理健康的勇氣養成與人際歸屬之社會建構。

瑞珠老師長年在臺灣、北美及世界阿德勒心理學會的耕耘，與許多當代阿德勒心理學大師皆有合作互動，雖早已獲北美阿德勒心理學會的代言人身分（至今仍爲全亞洲唯一一人），肯定了老師對阿德勒精神的掌握，然至今仍持續不斷地鑽研阿德勒心理學與身心靈健康的關聯，不斷思索著「如果是阿德勒會怎麼做？」把阿德勒心理學的精神深植於自己的日常生活當中。跟隨著瑞珠老師學習阿德勒心理學許久，每每在瑞珠老師的訓練和引導之下，讓我有機會可以不斷學習及更新世界阿德勒心理學的發展趨勢和脈絡，也能不斷鼓勵自己生活得更像一個阿德勒人（Adlerian）。

此次接下翻譯的任務，除了是因爲老師的鼓勵總有股魔力，能輕易地贏得我們的心，也是因爲身爲一個阿德勒人，遇有社會貢獻機會時皆應勇於把握。雖然在翻譯的過程中同時也面臨了生活上諸多挑戰，但書中文字卻也時常很立即地給我回饋及鼓勵。

譯書的工作已告一段落，期待此時正翻閱本書的讀者，也可和我一樣因感受到書中傳遞出的阿德勒精神而備受鼓舞，在獲得更多勇氣之後，亦能一起將此份感動再傳遞出去，讓改變從我們開始，讓彼此的生命能因爲不斷累積的合作貢獻而變得更美好。

（序文作者爲明陽中學諮商心理師、臺灣阿德勒心理學會副理事長，投入阿德勒的學習逾十年，以阿德勒觀點探究犯罪少年們的生命故事，並據此獲得法務部司法官學院第八屆傑出犯罪防治研究博士論文獎特優）

致謝

問：寫一本書需要多少人的協助？
答：需要盡其可能的多，而我獲得了許多人的協助。

阿德勒（Alfred Adler）的理論指出，人類具有社會嵌入性，這個特性在寫書的過程特別容易被看見，因為一本書的形成會需要集結很多人的智慧。我非常感謝艾娃·德雷克斯·費格遜（Eva Dreikurs Ferguson）允許我使用魯道夫·德雷克斯（Rudolf Dreikurs）作品中的內容以及她對這些文本的建議，還有其他願意分享他們令人印象深刻之研究的學者，包括卡蘿·杜維克（Carol Dweck）、瑞秋·雪芙倫（Rachel Shifron）和凱瑟琳·康威（Catherine Conway）。

所有書籍都需要擁有好的編輯，在參考文獻、註腳、引文、建議等方面具有良好眼光和知識，例如克里斯汀·鄧寧（Kristin Dunning）、凱倫·約翰（Karen John）、琳達·傑瑟普（Linda Jessup）和孜孜不倦的黛博拉·蓋倫（Debora Gehron）。一本書還需要專業可靠的夥伴提供讀後建議，例如瑞秋·雪芙倫（Rachel Shifron）、布魯斯·泰特（Bruce Tate）和理查·沃茨（Richard Watts）。

一位對於阿德勒各個參考文獻相當了解的研究助理厄爾·海里希（Earl Heinrich）是必要的。像喬恩·懷特（Jon White）這樣對建議和修改都很有耐心的插畫師更是必不可少。還有一位我相當信賴的帕姆·鄧寧克羅斯（Pam Dunning-Cross），他總是能提供重要且有用的建議。

寫書的過程也需要上述夥伴、蘇珊·卡林（Suzanne Carlin）、家人、朋友和客戶的鼓勵。在這過程中充滿許多回憶，特別是我先生沃爾特（Walt），在這段旅程當中，他的陪伴與回應總是能激發我許多靈感。

這本書獻給所有類型的父母，包括單親父母、寄養家庭的父母、養父母、繼父母、代孕父母，以及那些照顧孩子、教育或教養孩子，或以多種身分與孩子一起工作的人，以及我的孩子和寄養孩子們。我的孩子們教會了我很多關於教養的知識。此外還有我的孫子：馬克（Mark）、克里斯托弗（Christopher）、漢娜（Hanna）和迦勒（Caleb），他們繼續在啟發我，照亮我的生活。

目錄

首先，你知道嗎？一個新理論可能會被認爲是荒謬的；然後會被承認是眞實，但顯而易見且微不足道；最後會被視爲如此重要，甚至那些起初不以爲然者會聲稱他們自己發現了它。

——威廉・詹姆斯（William James）[1]

引言

我很驚訝這個理論在100多年前就發展出來，而在50年前，有本根據這個理論所寫給家長的書，到今日也仍然適用。這個理論就是阿德勒的個體心理學，而那本書正是魯道夫·德雷克斯（Rudolf Dreikurs）的《孩子的挑戰》（Children: the Challenge）[2]。

阿德勒的理論概念多是以某種形式出現在當今每一個著名的心理學理論中，是心理學領域中被借鑑最多，卻也同時最不為人所知的先驅。

親職教養領域的發展在很大程度上應該歸功於阿德勒和德雷克斯，他們率先協助父母面對養育孩子這份艱鉅卻充滿價值的工作。

從這套親職教養課程中受益的，還包含和兒童互動的教育工作者、社會工作師、伴侶、諮商師、心理學家，以及所有希望認識心理健康的人。

本書主要引用的參考文本來自：

1. 黃孟嬌、鮑順聰、田育慈、周和君和江孟蓉（譯）（2017）。**個體心理學**（原作者：Ansbacher H. L., & Ansbacher R. R.）[3]。台北市，張老師文化。（原出版年：1956）。書裡廣泛地摘錄和提供阿德勒從1907年到1930年代的論述。

2.周昱秀（譯）（2016）。**孩子的挑戰**（原作者：Dreikurs R. & Soltz V.）[4]。台北市，書泉。（原著出版年：1964）。

來自阿德勒心理學實現心理健康的指南

阿德勒的理論提供每個人實現心理健康所需的四個基本要素：

1.要擁有內在的歸屬感，能感受到與父母、兄弟姐妹、大家庭、老師和朋友的連結，並且知道自己處於一個可被接受且友善的位置。一個適得其所的位置，能讓孩子感覺被重視和關心，同時也可以了解關心他人是很重要的。
2.孩子是社會的一員，尋找歸屬感是他們最強烈的渴望。他們每個行爲都是爲了尋找「一個位置」，而在這個位置上能不能擁有安全感，則取決於他們是否可以感受到自己對家庭或與對其他群體的歸屬感。
3.要擁有能夠持續成長、進步和學習的意識。當我們觀察嬰兒對周圍環境感到好奇、不斷移動、探索、觸摸、品嚐和嘗試走路時，這種努力是顯而易見的。即使爲了達到下一階段目標的各種努力是充滿如此多的掙扎，但因爲目標太重要了，不能放棄，也不會放棄。
4.要看看如何才能擁有某種價值感：意義感的需求。每個人都在努力超越自己與生俱來的依賴性，在過程中因爲發現自己的能力而感到愉快、滿足或欣慰，於是逐漸邁向獨立。

最後，阿德勒始終不斷告訴我們，孩子需要鼓勵。即使有時會感到害怕，仍然需要每天持續建立前進所需的勇氣。勇氣的英文是 courage，在法文中，coeur 的意思是心；在拉丁文中，cor 的意思也是心。孩子需要勇氣才能生存，如同身體需要心臟才能生存一般。

當孩子：

- 覺得有歸屬感，他們會感到安全、安心和友善。
- 看到進步，他們會充滿活力，而且準備做得更多。
- 感到自己有價值和被重視，他們會知道什麼事情需要去做。
- 受到鼓勵，他們會準備好迎接每個新的一天，並能夠以有益於他人的方式處理問題、尋找解決方案並實現他們的創造力。

我或者我與艾咪・盧（Amy Lew）合著的所有書籍都共享一個我們發展出來的架構，這個架構的用意在於使人容易教學和記憶阿德勒對於人類需求所提出的四個關鍵元素，我們將這個架構稱爲四個關鍵 C（The Crucial Cs）。

阿德勒	四個關鍵 C	人類需求	知覺
歸屬感 Belonging	連結 Connect	其他人	我有歸屬
能力感 Improving	能力 Capable	自給自足	我可以 做到

意義感 Significance	價值 Count	被需要	我可以 有所作為
鼓勵 Encouragement	勇氣 Courage	有彈性的	我可以 處理得來

如果我們同意阿德勒的理論是一種可以促進孩子心理健康的理論，那麼我們就需要爲父母和那些與孩子一起工作的人提供一些實際應用的方法和技巧，以便他們能有所遵循。

相關的培訓應該採用能夠產生四個關鍵C的方式進行互動、教學和指導，培訓的方法需要避免有損於人們原有四個關鍵 C 的需求。德雷克斯在他與維琪・舒茲（Vicki Soltz）合著的《孩子的挑戰》*一書中，提供了能符合上述這些目標的所有步驟。（*詳見附錄〈德雷克斯教養孩子的訣竅〉）

德雷克斯和舒茲在《孩子的挑戰》的前六章中回顧了阿德勒的理論，其餘的章節則說明有哪些具體的策略與方法能用來教育、引導孩子和保持家庭和諧，讓阿德勒的理論可以在家庭中實踐與體現。

當我在培訓那些有孩子或與孩子一起工作的人時，我會採用德雷克斯的這些理論內容：

歸屬感

建立和維護各種關係

人格發展

了解人格是如何發展的

勇氣

鼓勵內在價值

行爲目標

發現和重新定向無用的行爲目標

解決問題

採用不會引發自卑感且符合社會平等的邏輯概念進行培訓

責任

透過團體互動的過程學習分擔責任

歸屬感

建立和維持關係

為了幫助孩子擁有歸屬感，父母不僅需要與孩子們建立關係，也需要持續經營這份關係。在《孩子的挑戰》一書中，德雷克斯和舒茲提供了經營關係所需的基本概念和重要提示。[5]

傾聽。想要強化與孩子間的關係，最簡單的做法就是練習傾聽。我們能給孩子最好的禮物之一就是時間：花時間去傾聽他們。若我們能安排一次只和一個孩子來共處一段小時光，這對深化彼此的關係會更加有效。

語調。當我們說話時，我們應該意識到我們的語調，因爲這是我們在溝通交流時很重要的一部分。以友善的語調說話，等於是一種保持溝通順暢的邀請。

玩。「父母往往容易因爲太過關心如何爲孩子提供最好的照顧，以至於忽略和孩子相處的重要性。」[6]跟孩子一起遊戲有助於增進團體凝聚力，並顯現家庭的平等與和諧，同時也是陪伴孩子時，最放鬆和享受的方式之一。

尊重。當大人在引導或與孩子互動時，需要有能力表達對孩子的尊重。因此，討論是很重要的。在討論的過程中，我們會發現一個問題能有多種解決方法，而擅用鼓勵可使孩子在思考過程中充滿創造性的能量。「大人自己必須願意承認每件事可以有許多不同切入的角度，而我們自己的想法只是其中的一種觀點而已。」[7]

上述內容，既不是與孩子爭權，也不是要求孩子屈服，而是分享想法與感受，共同尋找可以解決問題的合作方式。「合作是要竭力爭取的，不能強求。而竭力爭取合作最好的方式，就是彼此都能暢所欲言，共同探討更好的相處方式。」

想要和兒童，特別是青少年發展出這樣的溝通方式，需要長時間的投入和嘗試。民主的生活型態是建立在彼此能夠互相尊重的基礎之上，如果在一段關係中只有一個人受到尊重，那麼平等就不存在。

阿德勒強調歸屬感是人類與生俱來、生存首要的需求。我們會在與社會的互動中定位自己的存在。也因此，當我們稱呼自己爲父母、祖父母、配偶、鄰居、女兒、兒子、兄弟、姐妹、同事或朋友的同時，也等同於給了自己一個相對應於這些角色的自我認同。

爲了和諧地生活，我們需要能夠感受自己是與他人平等的，需要擁有一個能夠感受到歸屬的位置。當我們能夠感受到平等的歸屬感，我們更能覺得自己是團體、家庭、課堂和夥伴關係的一部分。我們感到被關心，我們才能關心他人。

阿德勒學派的學者們在教養、教育、家庭和伴侶諮商和心理治療領域教導許多有關提升合作、社群感受、尊重和歸屬感的方法。

當孩子或成人覺得與他人失去連結或無法確認自己在群體中的所屬定位時，通常會出現以錯誤行爲或方式來追求歸屬感的「症狀」，例如，不放過任何機會去爭取他人對自己的關注。

歸屬感是心理健康的必要需求，每個人都會找到自己的方式去獲得，即使是身處在幫派、極端教義團體，或者其他同樣也無法感到平等和被接納的群體當中也是如此。

與他人連結的需求是如此絕對的重要，以至於常見的懲罰方式是移除一個人的社會連結。假設懲罰光譜的一端是暫停連結，那麼另一端就是單獨監禁。這是一種拒絕的樣態，甚至可與體罰的疼痛相提並論。我們對於歸屬的需求，從生命開始的那天就已出現，並且會持續到生命的最後一天。

在 2010 年春季刊的個體心理學雜誌中，瑞秋．雪芙倫（Rachel Shifron）描述了病理學與人們在重要群體中缺乏歸屬感的相關性。她透過長期臨床經驗中的案例研究證明了這種關聯性。以下是她文章中的部分內容——可能有很多母親對於接下來她所講述的故事都相當耳熟能詳。

母親和媳婦

近年來，我觀察到年輕已婚婦女和她們婆婆之間的關係越來越緊張。許多嚴肅或幽默的書籍都講述了許多男人一生中最重要兩個女人之間的複雜關係：他的母親和他的妻子。常見的解讀是認爲母親不想與他的兒子分開或放手。但在我的實務經驗中，我發現擔心兒子不結婚的母親其實多於擔心兒子結婚的母親。

的確，已婚婦女與婆婆的關係發展存在著許多困難，而其中大部分困難與歸屬感有關。新娘子想知道：「我會被新家庭接納嗎？我是不一樣的。我來自不同的背景，來自不同的家庭文化，我有其他規範和不同的優先事項。」無論一名年輕女性未來是否能感覺到自己對新的家庭擁有歸屬感，她都可能會經驗到生活中充滿焦慮。當她不確定自己是否被接納時，她可能會將心力放回自己的原生家庭。婆婆則努力確保自己在這對新婚夫婦面前，仍能保有身爲父母的家庭地位。婆婆最大的恐懼是她可能會被排除在新的家庭關係之外。下面是一個簡單且簡短的例子，它說明了兒媳的問題:「我到底是歸屬於哪裡？我的家庭還是他的家庭？」

多蘿西 30 歲出頭，結婚一年。她在一個要求很高的機構中從事全職工作。她是家裡最小的，有兩個哥哥。多蘿西已經接受了兩年的心理治療。最近談到的議題是她對婆媳關係的擔憂。多蘿西知道她的婆婆對她丈夫的人生而言有多重要，所以，她不明白爲什麼婆婆對於自己跟他們這對年輕夫婦之間的關係如此敏感。婆婆很容易覺得受到侮辱，期待他們能更頻繁地探望她，也會抱怨覺得他們探望多蘿西家人的次數太頻繁了。

在療程深入地探究了生命風格之後，歸屬議題便浮現出來。多蘿西來自特別重視大家庭聚會的文化背景。但是當平日空閒時間有限，而她仍堅持一定要參與原生家族活動時，這就會形成與婆婆相處之間的議題。在她的原生家庭中，她感到安全、被保護和快樂。漸漸地，她的丈夫也享受到家人的溫暖，並樂意參加那些聚會。當多蘿西意識到她的婆婆非常不高興、甚至生氣，她開始迴避並經常拒絕與他們見面。

作爲她的治療師，我扮演成婆婆的角色說了一段話並把內容寫成紙條交給多蘿西，就好像她的婆婆寫了一封信給她：

> 對我來說，讓我覺得我屬於這個家庭是很重要的一件事。你們是我唯一的家人：我的兒子、我的媳婦

和我的孫子。當我意識到你更喜歡和你的原生家庭共度時光，而我並不屬於那個家庭，這讓我感到悲傷、焦慮和憤怒。

當我讀出這張便條的內容時，多蘿西變得非常激動。她說她不敢相信她的婆婆會對自己在家中的地位產生這樣的威脅感。多蘿西決定與婆婆敞開心胸談談，表達她對婆婆的關心以及婆婆在他們生命中有多麼重要。她也打算要向婆婆解釋，與原生家庭保持密切聯繫對自己的重要性。

只有當多蘿西明白與原生家庭保持聯繫對她自己來說是多麼重要時，她才能理解婆婆的需求。溫暖和同理的感覺將取代憤怒和沮喪。多蘿西有機會與她的婆婆交談，她們開啓了新的溝通管道，這讓多蘿西意識到歸屬感不是一種「非此即彼」的情況。她明白了婚姻的美妙之處在於學習讓自己在多個家庭中找到歸屬。[9]

當我們想到我們所愛的人，我們會產生溫暖的感覺並渴望與之有所連結。回憶和朋友的相處也會讓我們想要擁有更多這樣的美好時光。這種對歸屬感的渴望是父母之所以需要教導孩子如何交朋友的原因，而這類知識對於經營家庭、學校和工作關係都有幫助，同時也是發展親密關係的基礎。

回想起一個喜歡和我們在一起、很高興見到我們而且對我們有強烈信任的人，是一種非常動人的記憶。這種記憶也包含我們記得自己是如何被這個人的行動影響而產生這種感受，無論他做了什麼，他的行動都會在我們的生活中持續帶來影響。當我們在與他人的互動中經驗到類似感受，我們的互動就會和這些記憶產生共鳴，進而感受到親近或親密。

以下是摘錄自費格遜（E.D. Ferguson）在個體心理學期刊所撰寫的一篇文章內容：

當一個人感受到強烈的歸屬感時，他就可能會願意與更多人接觸。換句話説，若一個人與他人接觸得越多，這個人就越有可能擁有歸屬感。阿德勒所提出有關動態的、認知的、發展的、社會的心理學都著重於幫助人們理解社會生活中相互影響和交流的本質。這涉及選擇、後果和以社會情懷爲導向的價值體系。阿德勒心理學提出歸屬感在人類生活中擁有舉足輕重的作用，而當代的研究學者們仍持續發現各種可用以支持的論述。[10]

父母們可以發現，除非彼此發展出親密、信任和尊重的關係，否則很難對孩子或青少年產生影響。我們必須給予他們一件最好的禮物，那就是讓他們知道我們的愛和尊重是無庸置疑的存在。

阿德勒	四個關鍵 C	感受	知覺
歸屬感	連結	安全	我有歸屬 我有我的定位

人格發展

了解人格是如何發展的

阿德勒從不主張先天與後天或遺傳與環境孰輕孰重。部分特徵出於明顯的遺傳因素，包括頭髮、眼睛、皮膚的顏色；骨骼結構、功能不全的器官；視力或聽力不佳；肺虛、智力低下等等。

阿德勒心理學是一種「運用」而不是「擁有」的心理學：他思考的是一個人如何使用他所擁有的東西或能力。遺傳和環境並不能決定一個人會如何運用先天能力或後天資源，它們可以賦予孩子能力和印象，但就像磚塊一樣，每一塊都會被創造性地用來建立對生活的態度。

每個人都有很多經歷，各自也都會對這些經歷得出一些結論。雖然很多人會經歷同樣的情況，但不會每個人都對實際發生的事情有完全一致的看法。阿德勒曾說：

> 重要的不是一個人天生擁有什麼，而是一個人如何使用那個才能。誰能說任何兩個人會以相同的方式理解、處理、消化和回應相同的環境影響？要超越遺傳和環境的影響，有一種力量不容忽視——個體的創造性能量（creative power）。[11]

如果我們只考慮磚塊，我們就會忽略了每個孩子無限的創造性能量。阿德勒說，每個個體既體現出人格的整體，也具有塑造出這個獨特整體的意義，因此每個個體同時是一幅畫也是一位畫家。

德雷克斯強調需要了解孩子的整體——包含他所觀察到的、他的環境以及他在家庭中的地位。他概述了孩子成長期間在環境中所遇到的幾個影響人格發展的因素。每個孩子都會找到能夠獲得歸屬感的方式，一種能夠融入家庭或團體的方式。孩子會嘗試很多方法來找到自己的「位置」，運用任何有助於達到此目標的資源，並放棄任何無法達到此目標的行爲。天生擁有缺陷的孩子會決定是否以某種方式來補償缺陷，或選擇放棄並讓別人來照顧他們。

雖然面臨挑戰，有些孩子仍會透過發展特殊技能來克服並補償自己的缺陷。

菲利普·舒爾茨（Philip Schultz）就是其中一個這樣的孩子，他直到 11 歲才學會閱讀，若是他身處今日，他將被診斷爲閱讀障礙。他在學校處處碰壁，被貼上笨蛋的標籤，不時被其他孩子取笑。雖然他無法寫出一個簡單的句子，但他還是嘗試了，他曾經試著想寫一本小說，但沒有成功，所以他決定改爲寫詩。他融入這些失敗的感受，將他的學校生活日常，以及他那位在許多工作中都同樣失敗且常常酒醉的父親都寫進了他的作品裡。他將詩集放在一起，並命名爲「失敗」。這本詩集在 2007 年獲得了普利茲獎。[12]

家庭是我們建立與人打交道時的態度和方法的試驗場。[13] 在親子關係中，孩子會體驗到父母所建立的家庭氣氛，孩子可以感受氣氛是溫暖、冷漠，或兩者兼而有之；看見家人在解決問題時是互相充滿敵意還是能像個團隊。孩子會體驗家庭的價值觀，並且盡量適應這些價值觀以融入家庭。父母和孩子之間的關係越積極肯定，孩子們就越有可能接受父母雙方所持有的價值觀。

每個孩子都能覺察父母之間的關係。父母設定了一個相處模式並讓孩子得以仔細觀察。當父母示範彼此能夠友善相處與合作時，孩子們比較有可能看到這種關係的優點。如果孩子們觀察到父母之間的競爭關係，或者看到一方主導而一方順從的父母，他們就會擁有選擇的依據，並對這樣的選擇形成自己的觀點。

阿德勒是第一位確認出生序帶來的影響，與每個孩子如何以一種不同於家中其他孩子的方式尋求歸屬感的學者。每個人都是獨特的，事實上，家庭中前兩個孩子通常會非常不同，「由於大部分的家庭內非常競爭，因此在第一和第二個孩子之間通常處於非常緊張的狀態，並且促使兩個人往相反的方向發展。」[14]

「父母之間的激烈競爭會使競爭成為家庭準則。」[15] 每個家庭成員間都有獨特的互動模式和定位，就像我們能夠以星座在夜空中定位星星一樣。每個進入家庭的孩子都會改變星座之間的方位，每個孩子也都會找到一個獨一無二的位置。

每個孩子在家庭中所發展的角色，將取決於他們如何解釋自己所觀察到的情況以及決定如何應對這些情況。所有孩子和他們的父母都會相互影響，每個人都會對這些影響作出解讀並根據這些解釋做出相對應的行動。孩子們可以個別對父母和兄弟姐妹設計出不同的互動關係。

人類的創造力是無限的，對不同情況的解釋和反應也是如此。「孩子們是觀察專家，但在解釋他們所觀察到的東西時會犯很多錯誤。他們經常得出錯誤的結論並選擇以錯誤的方式來找到自己的定位。」[16]

我們的父母和他們的父母可能是在使用專制教養方式訓練孩子的家庭中長大的，父母制定的規則必須被遵守。在這個教養體制中，父母是統治者並且比其他人更優越。

懲罰可能會被當成某些行爲的解決方案，當孩子拒絕遵守父母的規則，可能會招致被吼叫、打屁股或陷入尷尬丟臉的處境。另外也有許多孩子在沒有明確規範的放任式教養家庭中長大，父母屈服於孩子的要求。現今社會已經從這兩種教養方式中醒悟過來，因爲那些方法無法預備孩子們能夠在民主社會中成長茁壯，孩子也無法從中了解生活的需求。

孩子們不再對要求、壓力或懲罰產生反應，如果他們覺得有權得到，他們就不會做準備，也很少在乎他人的感受。爲了培育現今許多忙碌家庭所需的尊重與合作，用以解決家庭中各種日常問題，提供鼓勵和教導規範的新態度和策略是必要的。懲罰無法提供鼓勵，放任也無法教導規範的重要性。

想要描繪出孩子如何發展人格，可以想像我們看到一個新生兒（寶寶）被放在舞台上。演出正在進行中，而舞台上已經有其他人了。寶寶會觀察有哪些人在舞台上，他們如何互動和彼此回應。寶寶必須選擇一個與眾不同的角色，並找到方式融入這場演出。

家人之間永遠不會有兩個角色完全相同的孩子或成員。

適應環境的選項是不受限制的，寶寶將在最初幾年內創造出一個角色，甚至可能爲了某些好處而以某種形式維持這個角色。舉例來說，如果寶寶決定要成爲家裡最有趣的人，那麼幽默感很可能會在成年後逐漸表現出來。

寶寶將逐漸發展出自己對於自我、男性、女性、人際關係、優勢、限制、困難以及如何解決問題的觀點。每個人都會面對許多事實，每個人都根據事實得出結論，然而，結論其實是基於每個人對事實的感知。這意味著寶寶的生命風格與目標將和其他人一樣都是來自於自己的主觀觀點。

寶寶可能是這個家庭的第三個孩子，然而，父母和兄弟姐妹都會各自產生一些可能對家人說不出口的感受。有些人可能對寶寶的到來感到興奮、喜悅或是不滿，可能期待提供幫助、感到負擔過重或覺得被忽視。寶寶可能會很開心有年長的兄弟姐妹能保護自己、一起玩耍並且感覺親近；或者，覺得自己的出生序不公平，能擁有的特權比較少；或者成爲快樂、可愛的寶寶，享受並吸引大量關注。這些解釋僅會受到孩子自身創造力的限制。（有關人格發展的延伸閱讀，請參閱《創造性能量—性格養成的泉源》，黃英俞和李繼庚譯，原著爲 Bettner，2006）

個體心理學是一種主觀的、強調知覺的心理學，它將所有行爲視爲目標導向。寶寶將必須決定，對於阿德勒所說的每個人都必須面對的三項生命任務，他打算朝什麼方向行動。

1.社會關係的任務：包含與家庭內和家庭外的人建立情誼。
2.工作的任務：從幫助家務事開始，接著是完成學業，最後作爲成年人進入職場生活以貢獻社會。
3.親密關係的任務：決定「是否」以及「如何」選擇能共同發展親密感、歸屬感與彼此分享的伴侶，並學習如何以合作和尊重的方式維持這份關係。[17]

有些觀念會隨著時間的推移而改變，有些觀念則完全不受新資訊影響，始終堅定存在著。只要某些觀念還能起作用，就會被完整保存。但當人們發現這些觀念不再適合他們，或者爲了維持原有觀念而付出太大代價時，他們通常就會選擇尋求諮商。當此觀念進一步干擾關係時，就必須爲了解決問題而做出決定。雪芙倫指出，人們經常需要面臨的終極問題是「哪一個更爲重要？——在衝突中獲勝、維持正確答案亦或是維繫關係？」[18]

勇氣

鼓勵內在價值

「鼓勵是教養孩子諸多面向當中最重要的元素，缺乏鼓勵甚至可看作是導致不當行爲問題發生的根本原因。」[19] 德雷克斯將缺乏勇氣比擬爲植物缺乏水。

氣餒（discouragement）會出現在一個沒有歸屬感的孩子身上，孩子可能在總是因失敗被指責的氛圍中成長，無法感覺到世上有相信他們的人存在，也沒有人發現或指出他們擁有的優勢。缺乏鼓勵，任何孩子都無法培養出歸屬感。[20]

父母有兩項非常重要的任務。一個是與孩子建立聯繫，顯示父母的愛是無庸置疑且永恆的存在，告訴孩子，還有許多人也圍繞在身邊——另一位父母、兄弟姐妹、家族親友和朋友們。

另一項任務是讓孩子爲獨立做準備，並訓練他們能夠自給自足。一個自給自足的人能爲自己帶來許多幸福和滿足，這意味著如果父母想對孩子證明他們的愛，他們能做的就是給予持續不斷的鼓勵，促使孩子朝自給自足的方向成長。

鼓勵包括指出孩子的優勢，建立孩子對自己能力的信心，培養自尊，並點出孩子在任何方面的進步。貢獻也能夠帶來巨大的勇氣。當孩子們發展出新的能力和技能時，我們應該幫忙製造機會，讓孩子們可以爲他人做出貢獻。每個孩子都需要感到被需要、被重視，並做好能夠幫助他人的準備。

我們有時會讓孩子感到沮喪，因爲我們以爲所說的或做的事情是種鼓勵，但卻產生了相反的效果。「當孩子犯錯或未能完成某個目標時，我們必須避免做出任何可能讓孩子覺得我們認爲他是失敗者的言詞或行爲。」[21]

一些出自良好意圖但卻無法帶來鼓勵效果的行爲包括：將孩子與其他孩子進行比較、批評、指出錯誤、過分強調取悅孩子、太過恐懼而過分保護、爲孩子完成那些他們其實知道怎麼做的事情、太多的讚美、強化競爭、爲孩子感到遺憾而不是爲發生的事情感到遺憾，還有，提出要求而不是詢問。

當孩子犯錯時，不應該傷害他們的自尊。犯錯可能是作爲人類的唯一先決條件。能夠從錯誤中學習，並且知道下次能夠如何運用這些經驗，遠比犯了什麼錯還重要。

世上沒有完美的人。經常被糾正錯誤的孩子，會對自己的才能、創造力和能力沒信心。人們眞的是從做錯來學習如何做得正確嗎？物理學家尼爾斯·波耳（Niels Bohr）將專家定義爲「一個在某個非常狹窄的單一領域裡，犯了所有可以犯的錯誤的人。」[22]

家庭中若能夠擁有例行性的常規或家務，家庭功能會運作得更好——一種清晰但仍保有彈性的秩序感。當規矩能確切落實，家庭界限就會逐漸建立。當一個家庭能夠擁有共同的秩序，孩子們會看到這些秩序對每個人都有利、能夠促進合作和相互尊重，並且還能爲家庭內部提供一些可預測性。

我們對孩子表達愛的方式通常包括保護他們免受挫折，然而這可能是一種會干擾他們發展因應策略的錯誤方式。由於生活總是充滿挑戰，因此我們更該清楚地知道，陪伴孩子討論問題和可能的解決方案，才是協助他們能夠預備面對生活的最好策略。這樣的做法會讓孩子們知道，解決問題的方法從來都不會只有一種。擁有多種解決方案是管理生活中的挫折和發展心理肌肉的一種方式，而心理肌肉與身體肌肉一樣重要。

很多時候父母不得不拒絕孩子的請求，因爲父母必須遵守孩子不知道的法律規定，養育孩子需要承擔的責任包括：提供食物、住處、衣服、醫療照護、教育，以及創造加入群體或追求興趣的機會，這些決定都需要依靠父母來做出良好的判斷。

有時候父母必須向孩子解釋不能讓孩子做某些事情的原因。孩子們常常對父母也必須遵守的規範感到驚訝，因爲他們經常將成年期解釋爲能夠爲所欲爲的象徵！然而這個迷思應該在青春期之前得到更正。

既然我們對孩子的訓練是爲了讓他們能夠獨立，我們就必須尋找機會，拒絕過度保護他們，讓他們可以體驗到自己擁有的能力。向任何遇到麻煩的人提供幫助是很誘人的；然而，我們的孩子需要經歷遇到困難時的掙扎，並在克服困難的過程中獲得成就感。

我們太容易想用幫助孩子的方式來凸顯我們的關愛，但是孩子可能會因爲獲得了太多的幫助，反倒認爲自己是能力不足而更覺得自卑。這些感受不會使孩子走向獨立，反而將慫恿他們保持依賴。

獨立的能力大部分取決於人們應對日常困難的能力。成年人的工作是辨識孩子的恐懼並教他們謹慎行事。爲了勇敢地向前邁進，在做出明智決定時需要謹慎，但恐懼會導致人們從有待解決的問題中逃避或退縮。

在大多數社會中，虐待和忽視皆被認爲是最糟糕的教養方式。德雷克斯將寵溺列爲第三種最糟糕的教養方式，因爲它剝奪了兒童能夠因應挑戰並克服逆境的機會。

第四種最糟糕的教養方式是爲孩子感到自責，因爲這表示我們忽略了事件本身的影響。我們同情並且對孩子的生活中可能發生的事情感到難過是很自然的，但不應是對孩子本身感到遺憾。也許很難理解憐憫是如何減少孩子們自力更生的能力，甚至會消除孩子們在克服障礙後所獲得的快樂。憐憫等同於我們允許讓孩子爲自己感到難過，接著孩子會依賴別人、失去面對生活的勇氣，甚至認爲自己會遭遇困難都是別人欠他的。孩子很容易因爲覺得大人高高在上而轉爲替自己感到難過，這種態度上的氣餒可能會一輩子跟著他們。

> 不斷鼓勵孩子朝向獨立成長，是父母體現對孩子之愛最棒的方式。我們的孩子需要勇氣，讓我們幫助他們發展並保有這份勇氣。[23]

> 整體來說，我們不是努力達到完美，而是努力改善而已。[24]

勇氣不是遺傳，也不是一個人擁有或缺乏的能力。勇氣是一種即使前進會很困難，即使知道最終結果可能會失敗，也選擇繼續勇往直前的意願。需要被完成的事情不見得總是符合主流價值，千萬不要採取過於從眾的行爲。

提供鼓勵的基本方法是以信任的方式支持孩子，讓孩子能夠培養能力、提升獨立性和維持一段緊密的關係。獨立需要自主，鼓勵是加強孩子對生活掌控感的必要條件。

許多人想知道成人該如何激勵孩子。因此他們常常會問「我怎樣才能讓這個孩子停止這種行爲？」「我怎樣才能讓這個孩子開始做這種行爲？」成年人之所以會選擇獎勵那些他們喜歡的行爲，懲罰那些他們不喜歡的行爲，是因爲他們認爲孩子願意努力的動機來自外在因素的影響。採取獎勵或懲罰或許都可能提供短期的效果，但絕對無法產生長期的結果。

> 較適當的說法不是「人們如何激勵他人？」而是「人們該如何創造條件，讓他人可以激勵自己？」[25]

> 人們需要透過看見自身行爲和結果之間的關聯才能產生動機……如果人們不相信他們的行爲可以導致他們想要的結果——不管是因爲缺乏工具、系統和組織，或者個人只能單打獨鬥——他們不會感到被激勵。[26]

動機並非通過一連串的技術介入就能產生。動機來自內心，是創造力、承擔責任、努力工作的基礎；動機能帶來永久性的改變。成年人的責任是不斷支持孩子走向自主、獨立和自給自足。當一個人決定對改變負責時，改變就會發生。

他人給予的壓力往往導致蔑視，並讓孩子拒絕執行成人期待他們去完成的事，因爲這份壓力會被視作爲一種控制。

孩子都想要學習。當我們觀察他們的好奇心、探索、實驗、觸摸、品嘗、交流和模仿他們看到的行爲時，這種欲望是顯而易見的。當他們選擇採取行動、完成目標、獲得小小的成功，跌倒了卻仍然一次又一次地嘗試時，他們會感到興奮。

雖然我們無法「創造」或「停止」行爲，但我們可以關注孩子的目標並且爲孩子提供符合該目標的體驗。當孩子想要自主、想要有能力，並且自己嘗試做點事，我們要做的就是幫助他們達成目標。當他們看到自己承擔的責任越多，他們擁有的自由就越多時，他們的動機自會油然而生。

阿德勒學派的學者時常教導有關鼓勵的方法並且說明鼓勵和讚美之間的區別。讚美只有在事情進展順利或成功之後才會被給予，鼓勵則是可以隨時隨地的不斷給予。讚美是一種評斷和一種獎賞，鼓勵則是展現對孩子的興趣、接納以及強調努力與改進。

當一個理論或理論的任何部分內容透過研究得到支持

時，對於教授該理論的人來說是相當令人興奮的。伯納德．韋納（Bernard Weiner）發展了一個關於歸因研究的理論架構，該架構已成為一個重要的研究典範。在他 1974 年出版的《成就動機和歸因理論》（Achievement Motivation and Attribution Theory）一書中，他指出了影響兒童在推論自己失敗原因的成就歸因傾向中，有四個最重要的影響因素，分別為能力、運氣、任務難度和自己是否努力。

他的研究告訴我們，孩子們對自己表現的看法影響甚鉅，他們認為失敗與否的關鍵在於他們能夠掌控或者無法掌控。在上述四個因素中，只有一個因素是孩子們自己可以掌控的，那就是孩子們對這份工作付出了多少努力的主觀知覺。歸因理論現在已被應用來解讀高成就者和低成就者在面對與因應挑戰的動機差異。[27]

史丹佛大學（Stanford University）心理學系教授卡蘿．杜維克（Carol Dweck）在動機研究的領域中是全球最頂尖的研究學者之一。她的研究重心在於瞭解成就與成功，探索人們為什麼會成功，以及我們能夠如何促進成功。杜維克的這些研究除了檢視歸因和動機之間的關係，也探索了讚美對學生的影響。

她遵循著與韋納同樣的觀點——孩子們對於成功與失敗的想法，遠比成功或失敗本身來得重要。她好奇孩子們會如何對自己的成功與失敗做出歸因？於是，她跟進了韋納對考試分數為何如此高或如此低的四個回應，發現當孩子們關注他們自己的表現時，會傾向於用他們有多聰明而不是他們有多努力來解釋他們的表現。因此杜維克認爲，我們過於強調聰明而非努力。

杜維克將這些資訊應用到她進行的研究實驗中，並得出了以下結果：

杜維克的歸因實驗

可能有 99%的成年人認爲告訴孩子他們很聰明，會讓孩子覺得備受鼓舞，並且可以讓孩子整體的表現有所提升；另外 1%的人則相信如研究所述，若告訴孩子他們很聰明，實際上可能反而會導致他們表現不佳。

十年來，心理學家杜維克和她在哥倫比亞大學（Columbia）的團隊（她現在在史丹佛大學）研究了讚美對紐約十多所學校學生的影響。在紐約雜誌 2007 年 8 月 3 日的一篇文章中，波·布朗森（Po Bronson）描述了她的實驗：

杜維克讓四名女性助理進入紐約校園五年級學生的班級進行研究，助理每次帶一位學生，逐一輪流帶孩子離開教室進行非語言式智力測驗，這項測驗是由一系列相當簡易的題目組成，因此所有孩子都能獲得良好的施測結果。

當每位孩子完成測驗後，研究助理會告知他的分數，然後給他一句讚揚，再將學生隨機分成兩組，有些學生將會因聰明受到讚揚，他們會被告知「你一定很**聰明**」；另一組學生則會因爲努力受到讚揚：「你一定非常**努力**」。

爲什麼只選擇用簡短的一句話來讚揚呢？杜維克解釋說：「因爲我們想檢視孩子們對於被讚揚的敏感程度，我們覺得一句話就已經足夠激發明顯的效果了。」

接著是第二輪考試，研究人員讓學生自己選擇題目。一種是比第一輪測驗更困難的題目，但是研究人員會告訴孩子們，在嘗試解題的過程裡可以學到很多東西；另一種則會跟第一輪測驗同樣簡單。結果，「努力」的孩子們有九成選擇困難的測驗，而「聰明」的孩子們大多數選擇逃避困難的測驗。聰明的孩子臨陣脫逃了。

怎麼會有這樣的結果呢？杜維克在他的研究結論中這麼寫著：「當我們讚揚孩子們的聰明，其實就等於在告訴他們，你看起來很聰明，所以不要冒險犯錯！」這些五年級學生所做出的選擇，是他們選擇要讓自己維持聰明的形象並且避免發生失誤而尷尬的風險。

到了第三輪，每個學生都沒有選項，大家都參加了一場相當困難的考試，這場考試的難度設計是高於這群學生兩個年級的水準。不出所料，每個人都失敗了，但之前被隨機分組的這兩群學生對於考試結果出現不同的反應。

「努力」的學生認爲他們在這次考試中的失敗，只是因爲沒有足夠專注。杜維克觀察到的是「他們在過程中非常投入，而且願意嘗試各種解決方案」、「他們很多人在沒有其他因素干擾的狀況下表示這是他們最喜歡的一場考試」，但那些「聰明」學生的反應很不一樣，他們認爲這次的失敗證明他們根本不聰明，「看著他們在過程中的反應，你可以看到他們幾乎是非常疲憊，而且痛苦不堪。」

在人爲操控下引發了一輪失敗之後，杜維克的研究助理們對所有五年級學生進行了最後一輪的測驗，這次測驗的難度和第一輪的難度一樣簡單。結果那些因爲努力而受到讚揚的學生，得分比起第一輪顯著提高了大約 30%，而那些被告知自己很聰明的學生，這次的測驗結果比起研究開始時的表現，大約下降了 20%。

杜維克原本就認爲讚美可能會適得其反，但即使是她，也對這種影響的程度感到驚訝。她認爲「強調努力會給孩子一個他們可以控制的變項，因此他們會開始認爲自己可以控制自己是否成功；然而強調自然智力則會讓孩子失去掌控感，因此無法發展出可以應對失敗的好方法。」

在後續追蹤的訪談過程中，杜維克發現那些認爲先天聰明才智是成功關鍵的人會開始忽視努力的重要性。這些孩子會認爲**自己很聰明，所以不需要付出努力**。因爲他們認爲，若是爲達目標還需要再付出努力，就會暴露出自己的天賦其實並不高。

杜維克後來多次重複了她的實驗，結果發現無論是哪一種社經階層、不同性別甚至是學齡前兒童，都會受到這種讚揚對成就表現的影響。尤其是那些聰明的女孩，她們在失敗後崩潰的次數最多。

布朗森的文章還繼續提到其他學校的例子：

生命科學學院（Life Sciences）是一所志向遠大且重視健康科學的磁鐵學校（magnet school），這所學校的學生主要是由少數族群和低成就的學生組成。布萊克威爾（Blackwell）

將他的學生們分成實驗組和對照組，各自進行八個回合的工作坊。

對照組將只有學習讀書技巧，實驗組則是學習讀書技巧和關於解釋智力並非天生的論述。這些學生輪流朗讀一篇關於大腦在受到挑戰時會如何生成新神經元的文章，他們也觀賞了有關大腦的動畫。布萊克威爾表示，「即使在我教授這些想法的時候，我會聽到學生在開玩笑，互相稱對方是傻瓜或笨蛋。」結束這些實驗介入之後，布萊克威爾追蹤了這些學生的成績，看看是否有產生任何影響。

沒多久。老師們在不知道哪些學生曾被分配到哪個群組的狀況下，卻依然可以選得出來，當初有哪些學生曾經被教導智力可以靠練習來強化，因爲他們改善了學習習慣和成績。僅僅在一個學期內，布萊克威爾便扭轉了學生長期以來數學成績下降的趨勢。

對照組和實驗組之間的唯一區別只有兩節課，在 50 分鐘的課程時間裡，老師們教授的不是數學而是一個想法：大腦是一塊肌肉，如果更努力鍛煉就能夠讓你更聰明。僅此一項的不同，學生們的數學成績就獲得了改善。[28]

在前面的實驗中，雖然杜維克稱這兩個句子都是讚揚，但德雷克斯會指出一個句子是會帶來氣餒的讚美，另一個則是能夠讓孩子們想再試一次的鼓勵。在研究中發現，讚揚必須是具體且眞誠的回饋，因爲孩子們能感覺到差異。

杜維克的研究證明，讚美比較關注個體的外在動機，而鼓勵則重視內在動機。孩子將成功與努力的程度聯繫在一起，而不是將結果視爲擁有智力與否的證明。

杜維克專注於歸因理論，關注個人會將成功或失敗的過程歸因於自己或外部因素，或是歸因於自己的技能或努力？

教導家長和老師們的重點不在於孩子的成功或失敗，而是孩子如何看待這樣的成功與失敗，杜維克的研究結論提醒我們關注個體如何歸因，也支持了阿德勒和德雷克斯所提倡的，關於鼓勵的絕對必要性和價值。

阿德勒	四個關鍵 C	感受	知覺
鼓勵	勇氣	有希望的	我可以處理得來

行為目的

發現和重新定向無用的行為目的

如果每個孩子都必須找到能夠感到歸屬的方法，我們希望每個人都能夠在群體中使用適當的方式來培養勇氣並因而獲得歸屬感，我們希望每個人都可以願意選擇合作、負責和照顧他人。如果孩子沒辦法發展出勇氣，可能會讓他難以獲得歸屬感。

如果無法以適當的方式取得歸屬感，孩子可能會選擇以錯誤的方式融入環境，一種和他人拉開距離以保護自尊的方式。

> 孩子們是如此迫切地想要歸屬感……氣餒的孩子所發展出的第一個錯誤目標就是過度渴望獲得關注，他們以爲被關注的感覺就代表擁有歸屬感。[29]

在接受阿德勒的培訓以及在實務場域中的觀察之後，德雷克斯從阿德勒的理論中確立出四個錯誤目的。這些錯誤目的是幼兒爲了獲得歸屬感、進步、找到意義和培養勇氣而發展的，根據德雷克斯的說法，當孩子的認知中缺少了阿德勒理論中關於心理健康的這四個關鍵，就會發展出錯誤目的：

1.尋求過度關注

當孩子相信唯有別人把注意力放在他們身上，他們才能感受到自己的歸屬感時，他們就會過度尋求關注。過度尋求關注是氣餒的早期徵兆，而孩子們能以各種非常有創意的方式來達到這個目的。

要辨識這種尋求過度關注的行爲目的不難，可透過大人的感受和孩子的回應看出：大人會因爲孩子的行爲覺得煩人，而孩子在大人給予回應後暫時停下惱人的行爲，但很快又會尋找另外的方式來獲得大人的回應。

所有的孩子都需要適當的關注，但這些尋求過度關注的孩子並不滿足於目前所能獲得的關注；事實上，對於尋求過度關注的孩子而言，給予一些關注甚至很多關注也是不夠的。這個孩子可能會使用各種策略來吸引注意力，但這些策略卻不包括與他人合作或看見別人需要什麼。德雷克斯不會給有這種行爲的孩子貼標籤；他會解釋說，這個孩子是因爲氣餒，因此在尋找定位和歸屬感的方式上犯了錯誤。

2.爭奪權力

「接著，爭奪權力是第二個錯誤行爲目的，通常發生在父母試圖強行阻止孩子不斷索取注意力之後。」[30] 當孩子渴望被關注的需求沒有被滿足，自己也沒有變得更有能力、更受到尊重和更獨立時，他們就會變得更加沮喪。

於是衝突逐漸升級而且往往會變成公開的戰爭，每個人都堅持要贏。在這些爭執的過程當中，父母越試圖要壓制孩子，孩子就越容易在失敗或屈服時覺得自己一文不值。父母覺得他們必須獲勝，否則自己就會被視爲無法要求孩子遵守規矩的不稱職父母。

父母的憤怒情緒和孩子更加激烈的反應，讓我們得以辨識出這是屬於爭奪權力的行爲目的。如果父母感覺自己無法在爭執中勝出，他們很有可能會訴諸懲罰，而這種選擇往往會導致下一個更令孩子氣餒的行爲目的。

3.報復

「第三個錯誤行爲目的在權力拉扯加劇時浮現。當父母和孩子越來越常陷入爭鬥中，並且不斷想嘗試制服對方時，這樣的互動便容易發展爲激烈的報復關係。當孩子陷入氣餒狀態時，可能會繼續尋求報復，以此作爲感覺自己仍擁有存在意義和重要性的唯一手段。」[31]

這個目的牽涉到阿德勒所說的第三個人類的基本需求:「需要感受到存在的意義」。如果孩子感到被壓制、被誤解、被虐待，甚至因爲無法感到被重視而覺得沮喪，往往就無法以積極的方式實現這個需求。

如果每天都在戰鬥，是很難感到被重視或被愛的。這樣的孩子可能會覺得，既然他每天都在輸，又沒有權力，所以唯一還能感覺到自己擁有影響力的方法就是在別人傷害他的時候傷害回去。誰都不是故意要先傷人，會傷人必定有其原因，而這個原因始終是來自於我們對於報復行爲的看法。

這個孩子感到受傷，需要很多鼓勵，但得到的很少。懲罰的行爲會讓孩子相信，如果他需要自我保護，他可以透過傷害回去的方式來表達自己的感受。父母的反應很明顯是因爲先感到受傷，然後生氣，接著才會採取懲罰，但對孩子而言，他只渴望以牙還牙。於是，氣餒的感受繼續發酵，甚至可能發展爲兒童感到氣餒的最後一種行爲目的。

4.放棄、展示無能、害怕失敗

「完全氣餒的孩子常常採用的是第四個錯誤目的。他會試圖證明自己完全無能。」[32]選擇這麼做是因爲孩子覺得自己沒有辦法成功，於是要避免任何可能會遭遇失敗的情況。這個孩子不尋求關注、不爭鬥也不報仇，他覺得自己一文不值，於是選擇放棄。父母會感到絕望，並且覺得他們已經嘗試了一切，但卻完全無法激起孩子的動力。

德雷克斯不是僅止於確立錯誤行爲目的，並將其描述爲孩子氣餒的階段，他還提供心理學知識作爲行動的基礎。當父母確定孩子是屬於某個行爲目的時，他們可以選擇提供孩子最爲缺乏的勇氣、更多勇氣和更多更多的勇氣。

這也是爲什麼在與孩子一起工作時，比起給予其他建議，我們會更加優先建議大人學習如何提供勇氣。因爲勇氣，阿德勒看到了歸屬感和安全感；沒有勇氣，孩子會感到自卑，並且依賴大人提供的許多策略來建立勇氣和避免無價值感。

當我們想要鼓勵孩子時，我們需要刻意停下那些會消滅鼓勵的行爲。「尋求持續關注的孩子必然是一個不快樂的孩子。」[33] 當孩子過度要求關注時，我們並非忽視孩子，而是不再花太多時間試圖阻止那些煩人的行爲。

我們不再屈服於不適當的要求，但當孩子合作時，我們會給予大量的關注，並且提供機會讓孩子可以用有助於他人的方式獲得關注。「孩子需要我們的關注，但我們必須對於適當和不適當的關注保持覺察。」[34]

有很多方法可以讓孩子獲得認可，並以此行爲獲得他人的關注。父母可以邀請孩子幫忙做家務，並說出他們對家庭的幫助。我們可以在一起玩的過程中教導他們如何合作，然後請他們幫忙準備午餐。他們可以幫助烘烤餅乾並把食物拿到客人身邊，或在晚餐時間提供一些服務。

我們可以教孩子如何接電話，設法讓玩樂和工作看起來沒有兩樣，我們可以和孩子成爲一個團隊。老師有很多正向積極的方法可以讓孩子獲得其他人的注意力，而不是花費大量時間專注於譴責這類無用的行爲。舉凡分發文件和用品、舉旗、擔任接待員、爲同學開門，以及其他許多充滿創意的方式，都能夠用來讓孩子們體驗如何透過利他的行爲獲取注意力。

德雷克斯提出的建議是基於一個事實，即我們生活在一個民主國家裡。如果我們希望我們的孩子茁壯成長，我們必須訓練他們能夠在民主制度中生存。民主意味著社會平等，我們必須提供兒童足夠的訊息和工具，讓平等可以眞正發揮作用。平等需要擁有能夠傳達「相互尊重、合作、尊重秩序、理解、願意共同解決問題，進而能根據每個人的需求發展出解決方案」的溝通技巧。

當父母和孩子陷入權力鬥爭時，會對彼此的關係帶來很多危險，尤其是以下五種。根據約塔木（Yotam）的說法，權力鬥爭意味著：

1. 使孩子相信「權力是最重要的目標」（除非我很強大，否則我就是失敗者）。
2. 助長「擊敗成年人、控制他人，成爲能決定一切的人」的想法。

3.當權力鬥爭持續的時間越長，孩子就越有可能轉而採取報復行爲。
4.通常會導致孩子越來越無法感受到父母的愛（每天的爭執只會讓彼此越來越難親近）。
5.權力鬥爭也包括打架，而這些打架行爲會降低採取合作和尊重的方式解決問題的可能性。[35]

解決權力鬥爭的第一步是讓成年人認知到他們在這些鬥爭中的作用。如果所有的努力都是爲了改變孩子，它將會失敗。「無論何時，只要我們『命令』一個孩子做某事，或者試圖『要』他去做某件事，我們就會引發一場權力鬥爭。」[36]

鬥爭是雙方的互鬥，所以把責任推到任何一邊都是缺乏尊重的作法。當孩子們吵架、拒絕合作或者無視家庭內部的任何秩序時，家裡通常會陷入令人非常不安的氛圍。若權力鬥爭每天發生，父母的第一步應該是製定一個計畫讓彼此的關係能夠建立更緊密、更友好和互相尊重。

雖然德雷克斯寫過關於使用邏輯後果來解決問題的文章，但他也警告說，邏輯後果不太可能在權力鬥爭中發揮作用。我們需要區分企圖控制他人的「消極」權力和具有「建設性」或「積極」的力量。當我們決心克服困難，以某種方式爲更大的利益做出貢獻時，我們就會使用積極的力量。

父母在第一次察覺快要生氣的激動情緒出現時，就應該停止討論，因爲憤怒是開啓爭吵的徵兆。孩子們需要被訓練如何合作，而爭吵、指責和要求的做法無法引領孩子們走向合作。大人可以拒絕爭執，因爲爭執會強化孩子的錯誤目的，透過談話才能避免爭執。

不幸的是，這很少奏效，因爲言語會變成武器。在衝突中，言語是無用的，行動往往更有成效。父母可能會認爲衝突當下不說話就是停止了作爲，但此時的沉默肯定仍伴隨著其他行動。懲罰會加劇權力鬥爭，讓步則會助長孩子的專橫。

德雷克斯教導父母如何區別堅定和支配：「支配意味著我們試圖將我們的意志強加給孩子……堅定則表達了我們自己的行動。」[37] 堅定是更有效的做法，因爲成年人拒絕生氣，反而讓孩子了解父母將會做什麼，而不是要孩子做什麼。如此一來便消除了權力競爭。

孩子們需要學習尊重，成年人要以身作則，少說教。父母可以控制他們自己將要做什麼，但很少能讓孩子按照他們的吩咐去做。平等和尊重提醒我們，孩子有權爲自己做出決定。如果這些決定不危險，我們需要尊重孩子，讓他們在不受干擾的情況下體驗錯誤決定的結果。

阿德勒式的問句著重在行動前的思考，例如：「在這個情況下孩子需要的是什麼？孩子在這種情境中的需求是什麼？」

尊重孩子的需求和願望至關重要。我們需要培養能

> 夠辨別「需求」和「異想天開」之間差異的敏感度。
> 整體情境的需求可以作爲我們判斷的依據。[38]

如果媽媽必須去火車站接爸爸，或者去學校接哥哥姐姐，她必須堅持帶著年幼的孩子一起去。「我們需要去車站接爸爸，因爲他今天沒有開車。」或者我們可以說，「我們需要去接你的哥哥，因爲如果我們沒有去接他，他會感到不安。」這位媽媽通過引導孩子滿足其他人的需要來向孩子表明，我們需要考慮他人的需求並體驗我們幫助他人的能力。

> 語言應該是一種溝通方式。然而，在衝突情況下，如果孩子不願意聽，語言就成了武器。在衝突當下的語言是無法傳遞任何訊息給孩子的。[39]

當孩子認爲報復或傷害回去是能感受自己的重要性和意義感的唯一方式時，他們就會選擇報復的錯誤目的。當孩子認爲自己沒有能力可以影響他人時，報復似乎就成了唯一可行的途徑。接著到來的懲罰將使這個孩子越來越氣餒，也讓她越來越相信沒有人喜歡她，然而這種非常令人不安的模式往往會不斷繼續發生。

懲罰、對孩子貼標籤、指責、怪罪以及一切傷害孩子的肢體和言語行爲都應該被消除。這樣的孩子其實很受傷，我們必須將親密和溫暖的關係視爲解決方案，此外，家庭可能也需要專業協助來確定這個孩子的具體需求。

最氣餒的孩子通常選擇「放棄」的行爲目的，並且總在試圖證明自己的不足。他避免任何可能失敗和感到羞辱的任務，孩子似乎在說:「我寧願被人看成懶惰，也不願被人說我傻，少做少錯，只要我不做，就不會失敗。」這孩子是在促使別人放棄他，但是這類孩子常常這樣做的原因，是出於絕望和感覺自己什麼都做不好。

如此氣餒的孩子通常被視爲有嚴重的學習問題，並會被貼上特殊教育學生的標籤。雖然有些學生確實會因爲擁有特殊需要而被歸類爲特教生，但許多被貼上此類標籤的學生往往會錯誤地認爲自己一文不值於是選擇放棄。其實，這是他們在面對極度沮喪時的一種解決方案，解決一種自認無法融入、無法成功，不具意義、不被需要或不平等的感覺。

若是可以結合家長和學校的共同努力，我們可以透過鼓勵將孩子原本氣餒的想法轉變爲更積極的態度。對於想要尋求歸屬、找尋定位、感到有價值與被需要的需求卻有著錯誤目的孩子來說，我們不需要再從他們身上剝奪些什麼，而是要幫忙添加點他們需要的東西，我們需要一同解決問題，而不是用極端的措施來改變他們的行爲。

雖然我們可以提供很多協助孩子的方法，但是教導成年人如何在孩子發展的過程中防止他們產生錯誤目的將更爲有用。當我們希望孩子們有歸屬感並擁有一個支持他們的家庭時，我們會用輪流的方式教導合作，我們可以用合作遊戲替換掉競爭遊戲。

我們可以花一些時間與每個孩子一對一地相處，並且指出孩子的優點（用「友善」取代「多話」；以「好奇」替換「愛管閒事」；「堅定」而不是「固執」），讓孩子感受到我們多麼享受在一起的時光，並讓孩子看見我們多麼感激能夠擁有我們家的這個孩子。

當我們想避免權力鬥爭時，我們要記得爭鬥是需要兩個人的，而我們可以拒絕加入。我們進行討論的目的是想要了解孩子的好惡、她的目標、願望和希望。阿德勒曾引用一位匿名英國作家的話：「我們需要用對方的眼睛去看，用對方的耳朵去聽，並且用對方的心去感受。」[45]

我們與孩子保持友好的關係，專注於挖掘他們的長處（我們可以說他們是有「領導能力」而不是「專橫」；「熱情」而不是「過於激動」），認同他們的困難並感謝他們的努力。

當我們覺察到自己生氣時，可以停下討論，並且提醒自己，傾聽是爲了理解，而不是評斷；是爲了發現優點、可接受的選擇和解決方案，而不是指出錯誤。

我們避免權力鬥爭，就是尊重我們的孩子。爭鬥不能解決問題，它往往只是會爲下一場鬥爭奠定基礎。如果我們持續爭奪主導權，那麼我們雖然可以贏得這場權力的爭鬥，但也會讓我們的孩子感到更加無力，並且失去與我們的連結。甚至，我們已經在不知不覺中把孩子推往報復的方向。

當我們拒絕爭鬥並繼續與孩子保持健康和互相尊重的關係時，報復的行爲就不需要出現。充滿愛和尊重的家庭不會有互相傷害的需求。當我們不懲罰孩子，他們也不會想懲罰我們。若我們採取了懲罰的行爲，相當於在告訴孩子，傷害你所愛的人是無所謂的。

若我們想要避免孩子被自卑感困住並且因爲擔心最終失敗而提早放棄，我們可以採用下面幾種策略來防止太多挫折發生在孩子身上。

我們必須：

- 建立穩固、相互尊重的關係，並且強調，在日常生活中維持這種關係的重要性。
- 把握每一個可以給予勇氣的機會。像是常常說：「你眞的很努力」、「這眞是一個很大的進展，你是怎麼辦到的？」
- 讓孩子通過分擔家務來爲家庭做出貢獻，或者父母也能在自己遇到某些困難時，嘗試尋求孩子的幫助、請孩子給予自己一些建議。我們可以常說：「你對這個家庭的幫助眞大，我不知道若是沒有你我們該怎麼辦」、「非常感謝你」。

接下來，我想與你們分享一個我個人經歷的故事。這是關於一個非常沮喪但又很聰明的男孩，如何找到方法幫助自己避免失敗的故事：

凱爾（Kyle）是個就讀於九年級的16歲少年，他的老師對於他是否該就讀一般學校或是特殊教育學校感到猶疑，因此將他轉介給諮商師。凱爾曾在私立學校就讀一年級，但他的媽媽認爲凱爾在那裡沒辦法獲得所需的協助，所以讓他轉學到公立學校重讀一年級，並表示自己因爲不得不要求凱爾重讀一年級而感到難過。

凱爾接受測試報告後，被診斷爲注意力不足過動症，他的母親因此被要求要參加特殊教育課程，學習如何幫助他完成作業。

當凱爾得到幫助的時候，能夠表現得很好，但當他被要求獨自完成時，他的行爲表現就失常了。因此，他的兩位老師幫他找了一名專家，來評估他是否有閱讀障礙。鑑定報告指出，凱爾並非是閱讀障礙，他的表現不佳與缺乏練習更有關係。

結論是，凱爾得到的幫助比他實際需要的還多，他的困難看起來更像是無助學習而不是學習障礙。有一位老師建議父母可以採取一項需要維持兩年、每週三個小時的紮實學習計畫，但凱爾的父母堅持應該由學校來負責執行這個計畫，而校方拒絕了這個要求。

凱爾告訴諮商師，他很不高興學校有人質疑他是否需要額外的幫助。他說有位老師質問他說「你是在裝傻嗎？」讓他覺得老師很沒禮貌，他更不高興的是，老師認爲他其實是聰明的。

在阿德勒的理論中有一個特別出色的發現，是利用早期記憶來揭示個體的感知、信念和發展動向。輔導員邀請凱爾描述他記憶當中有關童年時代的一個事件。他邊淡淡笑著邊講述了以下故事：

> 我曾經欺負過我妹妹。我會把她的洋娃娃藏起來然後不承認是我做的，也不承認我知道它們在哪裡。
> 我記得有一次晚上爸媽都出門後，我馬上就跑去她的房間拆了她的娃娃屋。
> 她氣瘋了，一直叫我把東西弄回原狀，但我沒有照做。等到我知道爸媽差不多要回家之前，我才跑上樓把所有東西歸回原樣。當爸媽他們回來時，我妹妹馬上去告狀，所以他們就去她的房間看看到底發生什麼事。
> 當他們看到娃娃屋完好無損時，他們告訴她，我不可能把它拆開再重新組裝得這麼好。她沒辦法說服爸媽我眞的能夠拆了又裝回去，也很生氣爸媽不相信她。我覺得很高興，因爲我贏了。

輔導員看懂了凱爾的策略，於是指出他的長處說：「凱爾，你的這段回憶讓我看到你能夠把娃娃屋拆開又重新組裝回去，這說明了你的手非常巧。看起來彷彿你覺得把自己的能力和才智藏起來不讓別人知道，會是比較好的選擇。」

凱爾說：「如果他們知道這些，就會對我有更多期待。」凱爾已經把自己害怕失敗的問題轉化爲一種優勢。他知道如果成年人對自己的期待降低，就會提供幫助，自己就再也不會不及格了。於是他的無助成了一種愚弄大人並且可以避免失敗的策略，他用這種方法竭盡全力地掩飾自己因爲害怕失敗而產生的氣餒。

凱爾後來拒絕了學校幫他準備的職業培訓，他想留在學校繼續學習，讓自己畢業後可以進入一個能夠讓他善用巧手能力的職業生涯。

由於每個行爲的發生都是爲了能夠達到某個目的，因此我們需要揭示出目的爲何。我們無法改變孩子的目的，但是我們可以幫助孩子找到一些替代方案來實現目的。目的無法透過特定的行爲來標示，因爲不同的孩子可能會採取同樣的行爲來達到不同的目的。

舉例來說，同樣是吸毒的行爲，也許是一種想要避免失敗、「贏得」權力鬥爭、提供自我保衛、處理自卑感的方式，也可能是爲了獲得關注、好奇想冒險、出於報復，或保護自尊而採取的行爲。

如果我們沒有找出行爲目的，我們將無法理解孩子，也無法設身處地去感受他們的感覺，或者看到他們的行爲是如何被選擇來實現目的。當我們能夠確定其目的並讓孩子認識到這是自己的目的之後，輔導員可以幫助孩子探究自己爲什麼需要選擇採取這種行爲。

我們要的是理解而不是判斷，傾聽優勢而不是聚焦錯誤，我們能夠讓孩子看看這個解決方案是否確實有效，以及若是繼續使用這個解決方案，所付出的代價是否太大。

第四片拼圖：行為目的

阿德勒	四個關鍵 C	感受	知覺
進步 感覺從負號到加號	能力	有能力的	我可以做到

PIECE 5

解決問題

採用不會引發自卑感且符合社會平等的邏輯概念進行培訓

阿德勒心理學不是行爲矯正的一種方式，根據費格遜[40]的說法，「這個理論倡導詮釋、思考和目的修正。」如果孩子改變對自我和他人的想法與感受，行爲也會隨之改變。

我們不專注於行爲本身，我們強調的是孩子對環境的感知，並且看看我們可以如何協助她，讓她看到無論是什麼問題，都不會只有一種解決方法。平等使孩子們理解他們不比別人好，但也不比別人差。

我們生活在一個民主國家，民主意味平等，亦即所有人在重要性、價值和尊嚴上都是平等的。相對而言，權威和支配屬於專制制度，包括懲罰和獎勵。世界上還有幾個國家是維持專制系統，但很少有人會選擇搬到那些有秩序但沒有自由的國家。在專制體系中，掌有權力者能夠決定誰該受到懲罰，誰能得到獎勵；而在這些掌權者之外的群眾則會被視爲是較爲劣等的人民。

當我們每天閱讀新聞時可以發現，即使在那些極權國家也開始有越來越多的起義、示威和抗議活動，他們想要擁有奠基於自由民主而建立起的秩序。

有許多人相信懲罰可以立即見效，但是同樣顯而易見的是，這樣的效果只能短暫存在而且原有行爲很快會重複出現。「使用懲罰只會讓孩子更想反抗，也更有機會發展出能力來抵抗。」[41]

在民主國家中，我們提倡相互尊重與合作，孩子們需要父母與老師的領導而不是命令。好的領導者以尊重的方式引領、激勵、促進、鼓勵和訓練孩子在他們所處的社會中茁壯成長。

相對於懲罰會招致反抗，那麼獎勵會是個好的方法嗎？

我們都以爲我們喜歡獎勵，但是當我們發現上位者手裡掌握著他對我們的評價，而這個評價將決定我們是否值得或者應該得到什麼獎勵時，我們往往無法感到開心。

> 獎勵孩子的良好行爲，和懲罰孩子的不當行爲，兩者都一樣有害他們的發展。…在一個平等且相互尊重的體制中，工作之所以可以完成，只是因爲它需要被完成。[42]

獎勵只能起到暫時的作用，而且還具有許多缺點：

- 獎勵會讓孩子無法發展出對他人的興趣。
- 獎勵等於是在鼓勵孩子專注於自己和他們能得到的東西，而無法聚焦於他們能夠給予他人什麼。
- 獎勵會製造出自私。
- 獎勵只能對那些想要取悅大人的孩子起作用。如果孩子對於取悅大人不感興趣，接下來他們往往會受到懲罰，這些方式和賄賂與威脅都是同樣的概念。這兩者同樣都是威脅和羞辱兒童的作法，這種作法無法幫助孩子發展健康的人際關係。

「孩子們不需要收取賄賂才能把事情做好，他們原本就會想要把事情做好。展現良好行爲是源自於孩子的原始渴望，包括歸屬感、有益的貢獻和合作。」[43] 我們只需要與孩子們維持良好關係，並讓他們有機會分擔家務，爲家庭做出貢獻。「貢獻和參與的行爲可以提供滿足感，但若是我們採取以物質獎勵的方式互動，其實將會剝奪他們的滿足感。」[44]

我們都幫助過別人或是感到被別人需要的經驗，隨之而來的滿足感是讓人印象深刻的。我們發自內心想要提供協助，並非是受到金錢的驅使。

德雷克斯知道我們需要擁有能夠替代掉獎勵和懲罰這種象徵專制體系的方法，因此他提出了許多建議，讓我們可以學習採用尊重的方式來培訓和引導孩子。

他提醒我們需要將習慣採取懲罰的反應放置一旁，取而代之的是記得我們擁有引導和教育孩子的義務。雖然我們不會時時強加自己的意念給孩子，但我們往往也不會輕易接受他們的要求。

另一個重要的提醒是，我們需要拒絕與孩子發生衝突，因為那是對孩子的不尊重；相對另一個要避免的極端面向，是屈服於孩子的各種要求，這樣會讓孩子認為不尊重父母是可以的。

其他還有一些建議包括，我們需要堅定而不支配、花時間培訓孩子以激發他們的獨立性、直接採取行動而不是一再說教、用包容關懷的態度讓孩子有勇氣面對挑戰，最後，時時覺察和調整，讓我們的要求合理。

顯而易見，透過花時間討論父母和孩子彼此的擔憂、尋找時間互相傾聽、並將這種關係牢記在心是相當重要的。任由權力鬥爭的情況無限上綱，只會干擾父母和孩子之間的關係連結。如果我們可以把時間花在訓練他們而非爭執，就不需要時時糾正孩子。

我們可以透過一些簡單的任務來培訓孩子學習貢獻，例如餐桌佈置、鋪床、除塵、操作吸塵器、使用鍋爐、洗衣機或烘乾機、輪胎打氣、洗車以及所有其他的家務需求。一開始是大人單獨做這些家務，然後大人讓孩子有機會幫助自己完成家務；接下來，孩子在大人的幫助下做完家務；最後，讓孩子單獨負責這項任務。

合作是無法被要求的，但是當每個家庭成員都被鼓勵談論各自的想法和感受時，這個團體就有機會共同找出新的、更有效的方法來解決問題。家庭應該被視爲一個團體來經營，而不僅是眾人的聚集。家庭是一個團隊，團隊合作需要合作和相互關心。

無論你是誰，在每天的生活當中都可能犯錯，也都會面臨各種問題，這兩種可能是我們身而爲人無法避免的處境。然而，在面對這兩種可能的時候，我們可以選擇。我們可以決定將錯誤和問題視爲負擔、運氣不好或不公平，但更有效的選擇是將這兩種情況當成是禮物。

這兩種情況都是讓我們可以學習和變得更有能力的機會。就好比那些在職場上因爲具有解決問題的能力而得以謀生的人，以及用創造性才能把錯誤變成驚人發現的那些人。

如果我們學會期待犯錯和經歷問題，能夠創造性地解決這些問題，那麼我們每天在家庭中面臨的問題將被視爲尋求幫助的機會，並且可以反過來幫助他人。

當我們感覺四種人類基本需求被滿足時，我們就會願意向他人伸出援手，在過程中發現自己的優勢並從錯誤中吸取教訓、體會到被需要的重要性，也能發展出可以適應逆境壓力的彈性。所謂「成功」的人很少是那些過著非常輕鬆、舒適生活的人。

他們往往是那些在生活中經歷許多逆境並因此而成長的人。一些研究敘述那些曾經歷危及生命的可怕經驗而遭受創傷後壓力影響的人，是如何從這些經歷中獲得改變。現今我們會用創傷後成長（Posttraumatic Growth, PTG）這個詞來描述這種從創傷事件後發展出的積極改變。

生活中肯定每天都有各種問題，所以如果我們越善於解決問題，就越能準備好面對和克服這些逆境。或許我們可以注意看看身邊總是讓別人來幫他解決問題的人，他們肯定只會越來越依賴和逐漸感到氣餒。

我們對孩子的縱容和寵溺其實是一種剝奪，我們將會剝奪他們體驗和預備應對生活所需的能力。我們無法永遠保護我們的孩子，所以我們有義務爲他們做好準備，引導他們發展出能獨立自主並與他人共處的能力。

父母似乎會花很多時間專注於思考如何改變孩子的行爲。然而，父母所選擇的策略卻往往只會強化孩子的錯誤行爲目的。如果想要有所改善，我們可以把焦點放在父母如何改變他們對孩子行爲的反應方式。

諮商師的工作是幫助父母瞭解如何以不同的方式回應孩子。需要改變的是成年人。當父母放棄懲罰和獎勵，並專注於他們可以做些什麼來幫助孩子面對生活中的挑戰時，孩子會更容易聽到自己的長處，更願意與成年人一起解決問題。

在民主國家中的每個人在人類價值和尊嚴上都被視爲平等，我們在經營家庭關係時，必須正視這個前提，如此一來，我們才能願意去找到不會降低他人自尊的解決方案。我們必須避免採用責備、批評和憤怒的方式解決問題，這些方式只會帶來關係疏遠、不平等和自卑的感覺。

只有位於階層上級的人才能有權懲罰或獎勵位階低下的人，我們要能夠理解使用這些方法時所犯的錯誤，並且提醒自己，不需要苛刻的方法就能有效地解決問題。

我們的社會需要紀律，但父母的工作是引導孩子自律。當問題出現時，我們不必懲罰孩子，也不爲這種行爲開脫。就像如果有東西壞了會需要修理，如果有東西灑出來了，就需要迅速清理。同樣地，如果有人傷害了另一個人，會需要透過道歉或提供協助來幫忙療癒傷痛。如果有人偷東西，那麼就必須歸還或付款。

我們在訓練孩子們合作、承擔責任和關心他人的時候，如果我們採取的方法是讓孩子暫停行動、叫他們回房間，或者直接剝奪他一些東西，那麼這樣是無法教會孩子如何解決問題的。我們要採取與行爲直接相關的方式解決問題，像是和孩子討論他的所作所爲，以及需要如何糾正它。透過這樣的過程，孩子才能學習面對和承擔責任，並且絕對不會被排除在解決問題的流程之外。

憤怒無法解決問題，憤怒的目的是取勝、恐嚇、擊敗敵人。一旦憤怒的情緒出現，問題被眞正解決的可能便遙遙無期。出現問題時，我們必須做出的決定是和問題對抗還是解決問題。這是兩個不同的目標，採用的是兩種不同的策略。

成年人經常將孩子的行爲視爲「問題」，並選擇以懲罰的方式來教導孩子不要重複這種行爲。然而，使用懲罰作爲解決方案通常只會產生更大的問題。因爲在大多數情況下，懲罰並不能教會孩子停止行爲，而是可能教會孩子更加小心，避免下次被抓到，同時也會衍生出說謊行爲以避免被懲罰。

選擇的懲罰通常與問題行爲完全無關。例如，因爲孩子和姐姐打架而要求孩子做額外的家事，不是一個相關或合乎邏輯的解決方案。而且這種方式會帶來一種訊息：做家事是一種懲罰的方式而不是一種貢獻和能夠感覺被需要的方式。我們可以想像看看，若是一名孩子認爲工作是一種懲罰，而不是爲家庭、社區和社會做出貢獻的方式，長此以往，孩子將來會發展出什麼樣的信念和行爲？

如果我們不將孩子的行爲看作是會帶來麻煩的問題，而選擇將孩子的行爲視爲是能夠處理孩子困境的解方，我們是否會選擇不同的因應方式呢？如果我們選擇了不同的路徑，我們也許會看到更加合適的方向，甚至我們也可能會發現，孩子只是因爲缺少了某些東西，所以才會一直嘗試用不同方法尋找他失去的東西。

如果隱藏在孩子心裡的潛在問題是她感到與姐姐之間的距離越來越遙遠，該怎麼辦？也許姐姐以前是她很好的玩伴，但因爲後來姐姐結交了一些新朋友，導致姐姐對於新的關係更感興趣。如果孩子感到不足，在學校的成績差，而另一位孩子卻常把自己的榮譽榜成績掛在嘴邊，我們能做些什麼呢？

我們會如何處理孩子感覺被兄弟姐妹傷害，並且試圖以傷害回去的方法來表達被排斥的感覺？當一個孩子傷害另一個孩子的時候，他往往會說是因爲對方先傷害了我。倘若父母只聚焦於這個傷害的舉動而忽略孩子們彼此互動的整體樣貌，僅因爲看到孩子傷害手足的行爲就採取懲罰行徑，將會使孩子感到非常沮喪。我們可以選擇思考的方向是，先提醒自己，說教或懲罰只會使孩子更加氣餒，也無法解決任何問題。父母若能讓孩子知道，沒人在一開始就將他的行爲解釋爲傷害，會讓後續的問題解決更加順暢。

那麼我們應該替傷害兄弟姐妹的這個孩子找藉口嗎？絕對不可這麼做！然而，解決方案的討論應該從孩子們彼此互動的關係脈絡來尋找。例如說，如果一個孩子認爲他比他的兄弟聰明，這個傷害的行爲表現其實可能是爲了凸顯自己擁有較高的智商。

兄弟姐妹之間的競爭常會演變成侮辱、貶低和排斥等傷害關係的行爲。當這種傷害關係的行爲越演越烈的時候，對受傷或是早已非常氣餒的孩子而言，感覺就像是對方在邀請自己傷害回去。因此，如果我們試圖處理的是孩子當下的傷害行徑，那麼我們能夠解決的便只有表面問題。

我們需要特別注意的潛在問題，通常會發生在關係中至少有一人產生挫折、無力感，以及在家庭或班上缺乏盟友支持的時候。處理人際關係議題需要擁有溝通的技巧，當我們對孩子有更多傾聽和更少說教、抱持著想要理解孩子的好奇態度來聆聽、避免在聽到他們的感受時脫口而出告誡他們不應該有這種感覺、以及當我們拒絕與他們對抗時，我們其實是在向孩子們示範如何使用充滿勇氣的方式進行有效溝通。

讓成人與孩子同時參加的討論會並不常見，然而阿德勒花了很多時間在親子或師生同時參加的公開座談中進行討論，他會透過探討成人和孩子都關注的問題來揭示孩子的行爲目的，並向雙方提供解決問題的建議。

由於我們都會犯錯、都會遇到各式各樣的問題，所以我們每個人也都可以從這些解決問題的經驗中受益。當我們面臨與兒童有關的困境時，只想解決眼前的問題將無法眞正地回應孩子內在目標的需求。適當的解決方案是提供孩子將行爲目的帶向有利於社會的方向，並以符合社會情懷的方法來實踐。

被標記爲「行爲偏差」的孩子往往有一個目標，就是要捍衛自己的自尊心。因此，成人的工作便是要讓孩子在能夠保有自尊的狀態下，做出貢獻，對他人產生幫助。

教育工作者需要接受解決問題的培訓，以便有機會爲孩子們提供他們眞正需要的東西。有一位富有創意和充滿愛心的學校輔導員叫做凱瑟琳・康威（Catherine Conway），她協助輔導對一般老師來說較爲棘手的個案。以下是她在 2009 年 7 月與我交談時所分享的故事。在這個故事當中，我們可以看見她採用了相當多元的問題解決方案：

亨利（Henry）是一個五年級的男孩，他常常出現報復的行爲。他是那種經常會被訓斥並被送到校長辦公室的男孩。他會惹惱其他孩子，然後大笑。他說他有一天把口香糖塗在姐姐的枕頭上，然後口香糖全部黏在姐姐的頭髮上。亨利很樂在其中。他的衛生習慣很差，也從不做功課。他曾經交了兩篇寫作作業：

1. 新來的孩子。新來的孩子來到學校，他成了亨利最好的朋友。其他孩子偷走了他的朋友。

2.有關他的貓，抱抱(Cuddles)的故事。在這個故事的結尾中，貓跑掉了，所以他每天都在哭。(每當亨利談到抱抱時，他說話的語氣都會變得柔軟。)

在亨利成長的過程中，爸爸爲了另一個女人離開了媽媽。媽媽爲此感到非常沮喪。媽媽的工作是開校車，所以亨利每天放學前後都必須花很多時間坐在媽媽的巴士上。根據亨利家庭的狀況，凱瑟琳開始在不同面向進行處遇：

1.亨利的老師設計了一個「教室小天使」的活動，所以凱瑟琳被要求協助亨利參與這個活動。凱瑟琳對亨利說：「亨利，我發現你知道孩子們不喜歡什麼，所以你可能也很擅長看出孩子們喜歡什麼。」亨利被要求每週針對一個同學來觀察，看看那位同學喜歡什麼，然後來告訴凱瑟琳。接著她會去買那樣東西並交給亨利，由於亨利都很早到學校，所以他可以把那些東西偷偷地放在那位同學的桌上。(通常是些便宜的小東西，像是髮夾或有趣的鞋帶。)
2.由於凱瑟琳發現亨利對自己的貓相當溫柔，所以推想他對寵物們有所喜愛。於是，她找來了一些便宜的寄居蟹和魚作爲校園中的寵物，並且詢問亨利是否願意爲學校照顧牠們。亨利立即就答應了。亨利研讀如何照護這些動物的相關資訊，而且特別地重視這些動物的衛生。

3. 凱瑟琳還請寵物店的人來教導亨利有關照顧動物時需要注意的事項。寵物店的人給了亨利一把指甲刷並告訴亨利，照顧這些小動物時，必須要有雙乾淨的手。於是，亨利的衛生也成爲寵物計畫的一部分。
4. 凱瑟琳向亨利説明，她需要亨利每天在下課時間來照顧和餵養動物，還要抓著寄居蟹讓牠運動。然而課堂的規矩是，任何人如果有任何還沒完成的作業，都必須在下課時間補完。因此，亨利必須決定如何在沒有任何外部壓力的情況下，解決寫作業的問題。最後，他對動物的熱愛戰勝了他對家庭作業的抗拒。
5. 凱瑟琳給了亨利一個板夾，這樣他就可以在媽媽的巴士上做作業而不會影響他在家的玩耍時間。另外，爲了給亨利的媽媽一些鼓勵，每週都會有人在學校寫些紙條給她，紙條上紀錄亨利做了哪些優秀作品和樂於助人的行爲，他們甚至供應了一些食物籃作爲生活上的支持。

看起來，這些鼓勵策略需要做很多額外的工作，但對於凱瑟琳來說，亨利值得拯救，她所輔導的每個孩子也都是如此。面對一個氣餒的孩子，是無法靠單獨一個人就能促成這一切的改變，解決方案需要學校中許多人共同參與，當他們看見亨利的進步時，他們也從中有所收穫。亨利現在感到與他人有所連結，能夠看到自己擁有有用和能夠助人的技能，他感到被需要，並且有證據顯示，人們確實欣賞並肯定他的努力。[45]

阿德勒	四個關鍵 C	感受	知覺
意義	價值	被需要 有價值的	我可以有所作為

責任

透過團體互動的歷程學習分擔責任

在《孩子的挑戰》這本書當中，德雷克斯提出父母該如何與孩子建立互相尊重的關係、培育孩子的勇氣，並以此逐步建構出一個情緒健康的家庭。德雷克斯常說，如果只能夠給予孩子一項特質，那他必定會選擇勇氣。

孩子必須有足夠的勇氣，才能適性地成長。[46]

人在一生當中，幾乎時時刻刻都需要勇氣。德雷克斯爲父母們提供了重要的工具和策略，比如說，錯誤目的的辨識可幫助父母們了解如何幫助孩子奠定基礎，引導他們將生活目標放在有利於社會的層面。

他強調，生活在民主社會中所需的基本要素，包括建立在平等、相互尊重、合作、以秩序爲基礎的自由、開放的溝通模式和獨立性的養成，以共享取代獎勵和懲罰，讓彼此成爲群體中願意承擔與負責的成員。

德雷克斯悉心教授每個部分，並且提供一項工具幫助父母每週採用不同元素建構相處模式和練習互動，他把這項工具稱爲家庭會議，他認爲這是以民主方式處理家庭問題的最重要方法之一。他把家庭會議視作是一種委員會，也就是所有成員共同討論問題並尋找解決方案的會議。

當會議日期和時間確定後，我們期待但不強迫每個家庭成員參與。每個家庭自行找出可滿足彼此需求的方法，而當中的基本原則是相同的:「每個人都有提出問題的權利，每個人也都有被傾聽的權利，大家在一起是爲了尋求解決問題的方案……。」[47]

家庭會議使我們明白，生活充滿了各種選擇，每個選擇都會帶來積極、消極，或者二者皆有的後果。孩子們在過程中會了解到設定規範的目的是爲了大家著想。一起討論如何設定規範，將有助於責任感的培養。

家庭會議中所設定的規範，在大家都理解之後，偶爾也會因爲某位成員違反規範而需要重新討論規範，直到每個人都再次一致形成共識爲止。

會議上所有人都是平等的。主席、記錄和掌控時間的角色都是由所有成員一起輪流擔任。父母應該學會忍受一個可能令自己不安的決定，如此，孩子們才能從這個決定所帶來的自然後果獲得教訓。比起你的耳提面命，孩子們從不順利的經驗中得到的體驗會更多。

「家庭會議可以成功的秘訣在於所有家庭成員都願意把問題視爲是整個家庭共有的問題。」[48] 家庭會議的諸多好處之一是能夠教導孩子尊重家庭秩序並且學習尊重彼此的權益。

阿德勒的理論列舉人類的四種基本需求：歸屬感、成就感、意義感和被鼓勵。貝蒂露和艾咪則將這些需求以適合教學和理解的概念整理成四個關鍵 C：連結（Connect）、能力（Capable）、價值（Count）和勇氣（Courage）。

每個人都需要其他人、需要能成爲自給自足和獨立的人、感覺被需要和擁有彈性。貝蒂露和艾米路發現，每週進行一次約 30 分鐘的家庭會議，對家庭成員的四種需求都會帶來影響。[49] 家庭會議還有一些額外的好處，包含成員可以在會議中展示溝通技巧，並且讓孩子們有機會爲家庭提供解決方案並擁有選擇權。

懲罰涉及到控制的議題，界限則是由所有的團體成員一起，共同在能夠符合所有人最佳利益的前提下被設定出來。例如每個人在晚上都要輪流清理環境，發現如果餐具放在水槽而不是洗碗機，大家會要花更多時間整理，於是每個人皆同意把盤子放入洗碗機。因爲這個決定對所有人都有好處，大家就能看到這個決議背後的目的，而這樣的歷程可以培訓出我們的民主意識。

我們可以在家庭會議的過程中學習合作，例如我們可以採取輪流發言而不是恣意打岔。我們也可以把稱讚放入會議議程中來練習鼓勵。當每個人每週能自行選擇一種方式來爲家庭服務貢獻，不需要提醒依然可以堅持到底時，我們就學會了自律。家庭會議教導孩子們承擔責任而不是將責任視爲負擔。一個人可承擔的責任越多，就越能接近自主、獨立和能夠與人互惠，也因此能夠逐漸成爲一個關心別人、感覺平等、自信，並且可以享受與他人的連結和珍惜能夠貢獻付出的機會。

每週的家庭會議可以爲孩子帶來養分，讓孩子可以成長爲一個擁有健康情緒和心理的成人。

典型的家庭會議通常會從讚賞或肯定開始，接著談談之前的規範，了解和解決目前所遇到的問題。每個人選擇接下來一週當中將負責的一、兩份任務。規劃一個搭配茶點，並讓大家都能參與的有趣時光。在舉行家庭會議的過程裡，主席的位置是由家庭成員輪流擔任，因此每人都有機會擔任領導者或是被領導者，成員們的領導能力也因此獲得發展。在會議中，大家還可以學習和體認到錯誤只是生活的必要之惡，也能透過討論來了解自己在過程中學到些什麼。

接下來我舉一個有關家庭會議的例子，這個故事在《家庭會議－自信自立的開端》（黃惠森和趙元芝譯，原著爲Bettner and Lew，2005）中也有講到：

在我們家的家庭會議時間，由於每個人都在，所以我們會順便發放零用錢給孩子。就算孩子沒有出席，我們也還是會給予。在每個月初，我們會把當月所需的金額放入零用錢罐裡頭。有一天，我們的鄰居舉辦了一場車庫拍賣會，7 歲的肯尼（Kenny）帶著很多便宜貨回家，並且和家裡的其他孩子分享他買的東西。他們問肯尼他從哪裡來的錢，但沒有人強迫他回答。到了下一次會議的時間，媽媽發現罐子裡少了 8 塊美元。她很生氣，但同時也意識到有關零用錢被偷的事件，是整個家庭要一起面對的問題。

到了準備要發零用錢的時候，媽媽和大家說罐子裡的錢不見了。由於只有肯尼曾經和大家展示了他買來的許多新東西，所以孩子們認爲是肯尼的問題，覺得肯尼應該要把錢還回來。但肯尼已經把錢花完了，於是孩子們希望爸媽可以補充罐子裡的錢。雖然爸媽也覺得因爲肯尼的行爲而讓其他孩子無法領零用錢並不公平，但是他們選擇和孩子們說明，因爲罐子裡沒有錢，所以到下一次發放零用錢之前，大家都沒有錢可用。

接著，孩子們決定要一起想想如何解決這個問題，他們提出一些讓肯尼把錢換回來的方法，包括賣掉一些他的玩具、和朋友借錢、舉辦車庫拍賣會，或是大家一起去哪裡幫忙做事打工。然而這些方法能夠換來的錢都無法補齊不見的金額，於是孩子們只好接受，在下個月來臨之前，他們只能擁有較少的零用錢。

肯尼雖然做事沒有考慮後果，但仍然是一個可愛又貼心的男孩。父母的做法讓肯尼了解自己的行為會傷害到別人，這是他始料未及的結果，他不喜歡看見別人因為他的行為而受苦。然而如果肯尼受到懲罰或是父母直接將錢罐的錢補回去，那麼父母就會錯失這次教導孩子負責和合作的機會。[50]

在這個故事中，家長們可以很容易理解，若將家庭會議視為是說教、批評、控制或獨占權力的途徑，是絕對行不通的。

當我們在許多國家舉辦工作坊時，我們會問家長們：「你覺得哪些特質對孩子的發展而言非常重要？」每個人都會有一個或是多個答案，常見的答案像是：

做出好選擇	足智多謀	成功	領導者
善用判斷力	合作	獨立	幫助者
問題解決者	有動力	自信	聰明
有禮貌	負責	體貼	誠實

自尊	工作認真	同理	快樂
尊重他人	勇敢	大方	有彈性
自律	友善	創意	關懷

接著我們會邀請每位家長把符合個人價值觀的特徵添加到這張列表中，然後帶著父母瀏覽這份清單，並示範如何在家庭會議中教導、模仿、實踐和看見孩子身上的這些特質。

家庭會議能有哪些效用？

家庭會議對我們的家庭生活有許多助益，包括可以讓我們學習及體驗用尊重態度相互溝通、慶祝和重視每個人的獨特性、樹立價值觀、促進合作、分擔責任、教導互相幫助的重要性、培養社會興趣、建立自尊、與家裡的每個成員建立聯繫並了解我們是多麼幸運能夠擁有彼此。在家庭會議的過程中也體現了平等。德雷克斯是這麼說的：「在一個民主社會中，除非他們覺得自己在尊嚴和價值上與其他所有人平等，否則他們就無法與自己或與他人和平相處。」[51]

德雷克斯還說：「家庭是我們學習和實驗要用什麼樣的態度和方法與人相處的試驗場。」[52] 父母學會舉行家庭會議，可以爲教導秩序和社交生活奠定堅實的基礎。

家庭會議還能夠引導我們去體會豐富的生命，像是感受到我有歸屬、我能有一席之地、我有能力、我可以帶來改變，並且我也可以知道如何因應挑戰。家庭會議讓成員們理解事件處理過程的重要，讓成員們知道彼此的貢獻對家庭效能來說有多麼重要。家庭會議沒有魔法，然而卻能帶來比魔法更大的影響力，因爲家庭成員們允許發生更多可能性，也讓成員們明白民主到底如何運作。

當我們告訴家長有關家庭會議的做法時，他們往往會說：我們沒有時間啊。然而家庭會議大概只需要每週進行一次，每次花費 20 到 30 分鐘。爲了創造家庭和諧，期待能夠享受彼此的愛與關懷，我知道沒有人提出過像這樣需要大量學習的教養策略。但如果你知道更好的策略，請告訴我。

「民主」這個詞有一個非常簡單明瞭的含義。它來自希臘語，字面意思是「人民的統治」，因此「民主」的含義是：尊重並且讓每個公民享有尊嚴。而家庭會議正好能夠教導和示範民主如何運行。

在下面的表格中，德雷克斯和舒茲描述了威權社會和民主社會的不同[53]：

威權社會	民主社會
權威人物	知識淵博的領導者
權力	影響力
壓力	內在刺激
苛求	共贏合作
懲罰	邏輯後果
獎賞	鼓勵
強制徵收	允許自主決定
統治	引導
孩子們應該被看見 而不是被傾聽	傾聽！尊重孩子
你這樣做是 因為我說要這樣做	我們這樣做是 因爲它的必要性
以威望為中心	以情境為中心
個人（主觀）參與	客觀超然

家庭會議可以提供什麼樣的幫助呢？

四個關鍵 C	人類需求	知覺	感受
連結	其他人	我有歸屬	有安全感
能力	自給自足	我可以做到	有自信的
價值	被需要	我可以有所作為	有價值的
勇氣	有彈性的	我可以處理得來	有希望的

若想了解更多有關家庭會議的資訊，請參考我和艾咪合著的《家庭會議－自信自立的開端》(黃惠森和趙元芝譯，原著爲 *Raising Kids Who Can*）或者可以自在地透過下列訊息聯繫我：

1 Old State Road Media, PA 19063
blbettner@verizon.net
www.bettyloubettner.com

這六片拼圖可協助家長們培養出他們希望孩子能夠具備的特質

拼圖內容	培養特質	
1. 建立和維護關係	友善 關懷 體貼	有禮貌 誠實
2. 了解人格是如何發展的	同理	理解
3. 鼓勵內在價值	自力更生 自信 自尊	勇敢 有彈性 獨立
4. 發現和重新定向無用的行為目的	有建設性 足智多謀	好奇心
5. 採用符合社會平等的邏輯進行培訓	合作 尊重他人	問題解決者 有動力
6. 透過團體互動的歷程學習分擔責任	負責 自律 領導者	幫助者 創意 做出好選擇

六片關鍵拼圖

©2014 BETTY LOU BETTNER

文獻參考

Ansbacher, H.L., and R.R. Ansbacher. *The Individual Psychology of Alfred Adler*. New York: Basic Books, Inc., 1956.

Ansbacher, H.L., PhD. and R.R. Ansbacher, PhD. *Adler, Alfred Adler: Co- Operation Between The Sexes: Writings on Women, Love and Marriage, Sexuality, and Its Disorders*. Garden City, N.Y.: Anchor Books, 1978.

Bettner, B.L. and A. Lew. *Raising Kids Who Can: Use Good Judgement, Assume Responsibility, Communicate Effectively, Respect Self & Others, Cooperate, Develop Self Esteem, & Enjoy Life*. Newton Centre, MA. Connexions Press, 1990.

Bettner, B.L. *The Creative Force: How Children Create Their Personalities*. Media, PA: Betty Lou Bettner, 2006.

Bottome, P. *Alfred Adler: Apostle of Freedom*. New York: G.P. Putnam's Sons 1939.

Bronson, P. "How Not to Talk to Your Kids. NYMag.com. N.p., 3 Aug. 2007.

Web. <http://nymag.com/news/features/27840/>.

Carlson, J., R.E. Watts, and M.P. Maniacci. *Adlerian Therapy: Theory and Practice*. Washington, DC: American Psychological Association, 2006.

Clark, K.B. "Implications of Adlerian Theory for an

Understanding of Civil Rights Problems and Action." *Journal of Individual Psychology*, 23.2 (1967). p. 181-190.

Conway, C. Personal conversation with the author. July 2009.

Coughlan, R. "Dr. Edward Tellers's Magnificent Obsession." *Life Magazine*. (6 September 1954), p. 62.

Deci, E.L. with Richard Flaste. *Why We Do What We Do, Understanding Self- Motivation*. New York, NY: Penquin Books, 1996.

Dreikurs, R. and V. Soltz. *Children: The Challenge*. New York: Penguin Books, 1964.

Dreikurs, R. *Social Equality: The Challenge of Today*. Chicago: Adler School of Professional Psychology. (1971).

Dreikurs, R. *The Challenge of Parenthood*. New York: Plume, 1948.

Dreikurs, S.E. (Tee) International Committee of Adlerian Summer Schools and Institutes (ICASSI) booklet, 2014. www.icassi.net.

Dweck, C. Mindset: *The New Psychology of Success*. New York: Random House, 2006.

Ferguson, E.D. "Adler's Psychology. Contributions Regarding The Need To Belong."*Journal of Individual Psychology*, 66. 1 (2010).

Frankl, V. "Tributes to Alfred Adler on his 100th birthday. "*Journal of Individual Psychology*, 21(1), 12 (1970).

Gross-Loh, C., Ph.D. *Parenting Without Borders: Surprising Lessons Parents Around The World Can Teach Us*. New

York, NY: Penguin Group, 2013.

Hancock, L. "Why Are Finland's Schools Successful?" *Smithsonian*. Smithsonian Institution, Sept. 2011.

Hoffman, E. *The Drive for Self: Alfred Adler and the Founding of Individual Psychology*. New York: Addison-Wesley Pub. Co., 1994.

James, W. "Pragmatism's Conception of the Truth (Lecture 6)." *Pragmatism: A New Name for Some Old Ways of Thinking*. New York: Longman Green. (1907) 76-91.

Manaster, G. (et.al), editors. *Alfred Adler: As We Remember Him*. Chicago: North American Society of Adlerian Psychology, 1977.

Mueller, C.M., and C.S. Dweck. "Praise for Intelligence Can Undermine Children's Motivation and Performance." *Journal of Personality and Social Psychology*. (75)1. (1998). 33-52.

Shifron, R. "Adler's Need to Belong as the Key for Mental Health" *Journal of Individual Psychology*. 66(1). (Spring, 2010). p.10-29.

Shoenaker, T. and E.D. Ferguson, eds. "Dreikurs Sayings." ICASSI (International Committee of Adlerian Summer Schools and Institutes.) 2000.

Smith, C.A. (ed.). *The Encyclopedia of Parenting Theory and Research*. Westport, CT: Greenwood Press, 1999.

Smyser, W. *Father of The Inferiority Complex: The Psychological Theories of Dr. Alfred Adler*. New York

Herald Tribune, (17 March 1929).

Szasz, T. *The Myth of Mental Illness*. New York: Harper and Row, 1961.

Taylor, A. "26 Amazing Facts About Finland's Unorthodox Education System." *Business Insider*. Business Insider, Inc, 14 Dec. 2011.

Watts, R. E. "Entering The New Millennium: Is Individual Psychology Still Relevant? "*Journal of Individual Psychology*, 56, 21-30. (2000).

Watts, R. E., & Pietrzak, D. "Adlerian Encouragement and The Therapeutic Process of Solution-Focused Brief Therapy." *Journal of Counseling and Development*, 78, 442-447. (2000).

Weiner, B. *Achievement Motivation and Attribution Theory*. Morristown, NJ: General Learning Press, 1974.

Yotam, A. *Proceedings of ICASSI*. Limerick, Ireland: ICASSI, 1991.

阿德勒生平

阿爾弗雷德·阿德勒（Alfred Adler）
醫學博士（1870-1937）

阿德勒（Alfred Adler）於 1895 年開始在維也納一間大型遊樂園附近從事醫療專業工作。他在與遊樂園的員工互動相處中，透過觀察他們的疾病和生理上的虛弱，發展出補償、過度補償和自卑感的理論觀點。

1902 年，弗洛伊德（Sigmund Freud）邀請阿德勒加入一個新的專業人員交流團體。卡片上註明日期爲 1902 年 11 月 2 日，以及弗洛伊德的個人地址，卡片中並未提及打算將阿德勒招收爲學生，而是兩位專業工作者之間的通信，內容如下：

讓人尊敬的同事：

我很喜歡和一些同事及追隨者共同討論心理學或神經病理學這些讓我們感興趣的主題，我們每週將有一次於晚上八點半在我家中舉行聚會，目前我知道會參加的有賴特勒（Reitler）、馬克斯·卡漢（Max Kahane）和斯特克爾（Stekel），請問您是否有意願加入呢？我們下週會在星期四進行，無論您未來是否有意願參與，或無論當晚您是否能夠參與，我都期待能收到您的回覆。

向您致以誠摯的問候

您的同事　弗洛伊德博士[54]

阿德勒隨身帶著這張卡片，用來向那些稱他為「弗洛伊德的學生」的人，證明他從未成為弗洛伊德的學生，也從未接受過精神分析，而僅是被邀請加入一個專業人員的交流團體。

很明顯地，當阿德勒是弗洛伊德專業小組的一員時，他已經在建立自己的理論系統，因為這個系統將許多神經症狀追溯到我們的器官缺陷，而不是如弗洛伊德的理論般追溯於性的驅力。

阿德勒曾在 1904 年撰寫一本名為《作為教育者的醫師》的小書，那時他還是弗洛伊德的小組成員。阿德勒認為，醫生能夠同時接觸到父母和孩子，因此他相信醫者可以善用這個角色，透過愛和鼓勵來為家長的教養方法提供有用的訣竅。*在此之後，阿德勒的第一部主要著作完成於 1907 年，談的是關於「器官劣勢」對人格發展的影響。(*詳見附錄〈作為教育者的醫師〉)

阿德勒和弗洛伊德的關係在 1911 年正式分裂,因為阿德勒無法繼續認同弗洛伊德的理論。當他離開小組時，另外九個人也跟著他離開並且組成了一個新的團體：個體心理學會。這個小組不只對專業人士開放，也對所有人開放。而弗洛伊德則明確地表示，在自己的小組當中，不歡迎那些同時也參與了阿德勒小組的人員。

1915 年,阿德勒受到徵召加入奧匈帝國的軍隊並擔任軍醫。在治療戰爭傷亡人員的過程中，也遇到了許多神經症患者，於是他意識到我們不能只滿足於治癒精神疾病，還應該盡一切努力預防它們。

阿德勒用整體觀來看待一個人，認爲個體的行爲是具有目的性的，行爲目的是個體爲了想要擁有歸屬感，並且期待能在社會中尋到一席之地而逐漸發展成型的。他把所有的問題都描述爲個體如何面對社會的問題。他將他的理論稱爲個體心理學，以強調完整個體的重要性。Individual（個體）在拉丁語中的意思是不可分割的，表示身體不能被分成不同部分，牽一髮動全身，需要被視爲一個整體。他帶給治療師們最偉大的禮物之一是他的目的論以及教導我們如何使用早期回憶來了解個體的優勢、目標、對自我、他人和生活的看法，以及個體的早期回憶會如何影響他對當前情況的決定。

阿德勒是第一個發現人類具有社會嵌入性的人，他看見這種特性最先啓蒙於兒童對情感的需求，並且觀察到這種需求在日後是如何發展爲影響社群感的重要因子。阿德勒認爲這個發展歷程是毫無意外和無法避免的群居鐵則（the iron logic of communal life），一個具有心理健康的個體必須要能被認可，並且也認同自身是鑲嵌在一個更大的社會當中。

阿德勒將社群感（或社會情懷）視爲是評估個體心理健康的指標，也是使人類能夠在這個世界中生存的要素。他認爲所有的心理健康問題都是來自於缺乏社會情懷、勇氣和自信而造成的。

阿德勒強調觀察孩子如何在家庭中找到定位的重要性。他談到家庭價値觀、家庭氣氛、教養風格對於孩子性格發展的影響。阿德勒首先提出了出生序是如何引發家庭成員間的競爭、干擾社會情懷發展，以及孩子早期自卑感的發展。

這些自卑感會影響人們在學校、社會關係和職業成就中選擇應對策略的方式和強度。孩子在這些經驗中得出自己與他人不對等的結論，以及「必須」做什麼才能克服它並體驗掌控的滿足感。

在阿德勒所有的教學中都強調培養孩子擁有勇氣的重要性，勇氣可以讓孩子有能力適應和調整一生中所面臨的困難，而從這樣的角度來看，問題就會被視爲需要克服的挑戰，而不是放棄的藉口。

在 1919 到 1920 年期間，阿德勒在維也納成立兒童諮詢中心，到 1920 年底已經開辦了 32 間諮詢中心。阿德勒的目標是終結他曾親身體驗的教育威權主義，並讓所有兒童都能被視爲是擁有獨特情感和智能需求的獨立個體。

阿德勒的方法是一種積極協助家長和老師了解孩子行爲的心理療法。他教導大家使用更有效能的方法來引導孩子朝向有產能、利他的行爲發展。

阿德勒將這些方法以簡潔和充滿包容的話語書寫，強調孩子擁有與生俱來的社會情懷——在友誼、社群、工作場所和親密關係中與他人建立連結。

阿德勒不責怪父母，而是幫助他們找到解決方案。他透過著書和演說，告訴我們父母之間的關係對孩子人際發展的重要性。阿德勒解釋說，婚姻和教養子女中的權力問題會影響孩子如何看待人與人之間的關係，如果父母的婚姻關係是和諧的，孩子將更有機會預備自己成爲一個稱職的伴侶人選。*有關阿德勒談論教養、課堂教育和親密關係的教學現已被廣泛地被採納在當代的許多心理學理論中。(*詳見附錄〈親密關係的任務〉)

50多歲的時候，阿德勒決定學習英文並前往美國任教於紐約的新社會研究學院，後來則陸續在哈佛大學（Harvard University）、布朗大學（Brown University）以及費城（Philadelphia）、辛辛那提（Cincinnati）、密爾沃基（Milwauke）、芝加哥（Chicago）和加州（California）等地方進行講學。至1935年時移居紐約。

有一篇發表於1929年3月17日的文章〈自卑情結之父：阿德勒博士的心理學理論〉，是由紐約先驅論壇報（New York Herald Tribune）的專欄作家威廉·萊昂·斯邁瑟（William Leon Smyser）撰寫。

斯邁瑟在文章中寫道：

科學教育又發展得更加人性化了。阿德勒很可能是當今美國對於人性了解最準確也最獨創的外國心理學家。然而，這位傑出的專家，可能其實只是一個愛家和單純同為社會一份子的人。他所提出的理論內容確實是相當符合美國文化的。

儘管阿德勒僅到訪過美國三次，但在這幾次短暫的交流中，他分享了人們與生俱來所擁有的大部分美德和缺點。他是一個白手起家的人。當代的科學家，要嘛是像弗洛伊德那樣堅硬、冰冷、高效的機器，要嘛就是像阿德勒那樣觸動人心、效能又完全不輸其他人的人類。[55]

阿德勒的年輕同事負責讓女教師享有與男教師平等的權利：為所有學生提供免費的學校書籍和相關資源、為學生提供學校圖書館、為教師提供教育圖書館、在學區建立家長協會、廢除學校的體罰、運用社會計量學和對群體動態的洞察、討論與諮詢以學生為中心的教學，以及同儕教學。這是芬蘭目前正在使用的一種平等和尊重兒童的傑出模式。（詳見附錄〈芬蘭的教育體系〉）

阿德勒在兒童輔導和社會工作領域影響甚鉅。然而隨著 1934 年法西斯主義的興起，他所有的諮詢中心都被關閉了。

他被視為治療大師，是一個熱情、樂觀的人，能夠激勵他人在生活的挑戰中取得最佳表現。

阿德勒積極地將自己的想法帶入家庭和教室，讓許多人能夠因此受益。阿德勒協助推廣與鼓勵家長和教師接受培訓和自我學習，這些至今仍相當受大眾歡迎。

阿德勒可說是擁有社會情懷和正能量的偉大典範，這兩個因素促使阿德勒總是能夠樂觀地、想方設法地在別人身上建立勇氣。阿德勒讓人們知道，他們所擁有的障礙並沒有那麼大。當一個人懷有願景、渴望和勇氣時，困難便是可以克服的。

阿德勒還寫了很多關於強化父母關係的文章，因爲這是對孩子早期發展的另一個影響。如果家長不在孩子的成長階段樹立榜樣，就無法教導孩子們學習平等、尊重和合作。

阿德勒心理學不僅僅是針對人類行爲的一門研究，更是一種生活哲學。阿德勒認爲生命的意義在於對他人的付出。要能這麼做，首先，每個人都必須有平等的歸屬感，這種感覺會讓我們想要關心他人，而這就是心理健康的秘訣。

阿德勒的理論給同爲社會心理學家和教育家的克拉克（Kenneth B. Clark）留下深刻印象，他說：「阿德勒的理論爲我提供了一種方法來解決人類困境的本質問題，以及回應了我對個人及社會悖論的追求。」[56] 克拉克認爲有需要將阿德勒關於自卑感的理論介紹給美國民權運動。

克拉克博士在 1950 年代曾向白宮的兒童和青年會議提交了一份關於偏見、歧視和隔離政策對美國兒童人格發展的影響的報告。

該報告成爲全國有色人種協進會（NAACP）的律師在著

名的學校廢除種族隔離案件中控訴布朗訴托皮卡教育局時，向美國最高法院提交報告的社會科學基礎。

他的報告得到了 32 名美國社會科學家的支持。阿德勒的理論被用來推翻學校的種族隔離政策，他認爲隔離看似平等，但其實並不平等。克拉克博士的報告後來擴展爲一本書，名爲《偏見與你的孩子》（Prejudice and Your Child），1955 年由馬薩諸塞州波士頓的燈塔出版社首次出版。

最後，阿德勒在 1937 年即將出發前往蘇格蘭（Scotland）的阿伯丁（Aberdeen）演講之前過世。

Ansbacher, Heinz and Rowena Ansbacher, Eds. (1956). *The Individual Psychology of Alfred Adler*, Basic Books, New York.

Hoffman, Edward.（1994）. *The Drive for Self: Alfred Adler and the Founding of Individual Psychology*. Addison-Wesley Pub. Co., New York.

根據艾利斯（Albert Ellis）的說法，阿德勒甚至比弗洛依德更稱得上是現代心理治療之父。阿德勒的許多想法都超前於他們當時的時代思維，但後來卻被以不同的說法或代稱重新出現在當代的諮商或心理治療方法中，而且通常沒有提及阿德勒。

公認受到阿德勒影響的學派有新弗洛伊德學派（如：霍尼（Horney）和沙利文（Sullivan））、存在主義療法、個人中心療法、認知行為學派（如：貝克（Beck）和艾利斯（Ellis））、現實治療、家庭系統理論，以及近期的建構主義和社會建構取向（如：焦點解決治療和敘事療法），這些理論概念或治療取向的內容都可追溯回阿德勒的論述。[57]

德雷克斯生平

魯道夫·德雷克斯（Rudolf Dreikurs）
醫學博士（1897-1972）

德雷克斯加入阿德勒的團隊時是一名醫生，他是以一名年輕同事的身分加入的。德雷克斯早年在維也納從事精神病學工作時，就已看到將工作場域擴展到社區的必要性。

他相信，在家庭和學校中使用阿德勒的教育方法能使孩子們發揮出更大潛能。德雷克斯相信孩子們會因此更加了解自己的力量和能力，並在自由世界中學會公民的責任。

德雷克斯也堅信預防比治療更重要。50多年前，他便撰寫了大量文章，用以推動成年人引導兒童在民主社會中茁壯成長的想法。

從德雷克斯身處的社區開始，德雷克斯逐漸將他的工作擴展到全國。從1937年第一次訪問巴西開始，德雷克斯的工作邁向了國際化。後來再搬到芝加哥擔任芝加哥醫學院的精神科教授，同時也是芝加哥阿德勒學院的院長。

德雷克斯與家庭、老師一起合作幫助孩子。他強調家庭動力以及讓兒童參與家庭和班級會議的重要性。

德雷克斯介紹了一種在維也納運作得非常成功的諮商

方法：開放式家庭諮商（Open Forum Family Counseling）。這是一種讓家庭成員和心理師間可以共同合作，並與社區大眾交流的公開諮商方式。

交流過程中可以凸顯出同樣問題在不同家庭之間的共通性，也能促使所有參與者的共同學習。透過會議討論，最後產出的建議，能幫助改善孩子的不當行爲並提高父母的領導能力，而家長要回去嘗試練習，並在下次會議中報告練習結果。

1959 年，德雷克斯持續在以色列開展國際工作。1962 年，德雷克斯在丹麥召集了第一個國際暑期學校。透過國際化的工作，德雷克斯見世界各國的民眾在經驗到和諧與和平的生活後，逐漸穩定拓展對「社會情懷」的接受度。目前這個暑期學校已邁入第 47 年的運作了。

德雷克斯的工作爲許多當前流行的教養方案奠定了基礎，包括：高效能父母學（Systematic Training for Effective Parenting, STEP）、積極教養學（Active Parenting）、養育孩子系列（Raising Kids Who Can Series）、家長鼓勵計畫（Parent Encouragement Program, PEP）和正向教養（Positive Discipline）。

Dreikurs, Sadie E. (Tee) International Committee of Adlerian Summer Schools and Institutes (ICASSI) booklet, 2014. www.icassi.net

阿德勒的著作

A Study of Organ Inferiority and its Psychical Compensation: A Contribution to Clinical Medicine (original German, 1907). Translated by S. E. Jellife. New York: Nervous Mental Diseases Publishing Company, 1917.

The Neurotic Constitution: Outline of a Comparative Individualistic Psychology and Psychotherapy (original German, 1912). Translated by B. Glueck and J. E. Lind. New York: Moffat, Yard, 1917.

Heilen Und Bilden: Arzlich-Padagogische Arbeiten des Vereins fur lndividualpsychologie (Healing and Education: Medical-Educational Papers of the Society for Individual Psychology). Munich: Reinhardt, 1914. With Carl Furtmuller. Published in German.

The Practice and Theory of Individual Psychology (original German, 1922). Translated by P. Radin. London: Routledge Kegan Paul, 1925.

Understanding Human Nature (original German, 1927). Translated by Walter B. Wolfe. New York: Greenberg, 1927.

The Case of Miss R: The Interpretation of a Life Story (original German, 1928). New York: Greenberg, 1929.

Individualpsychologie in der Schule: Vorlesungen fur Lehrer und Erzieher (*Individual Psychology in the School:*

Lectures for Teachers and Educators）. Leipzig: Hirzel, 1929. Published in German.

Guiding the Child: On the Principles of Individual Psychology (original German, 1929). Edited by Alfred Adler, translated by Benjamin Ginzburg, New York: Greenberg, 1930.

Problems of Neurosis: A Book of Case Histories. Edited by Philip Mairet. London: Routledge Kegan Paul, 1929.

The Science of Living. Edited by Benjamin Ginsburg. New York: Greenberg, 1929.

The Education of Children. Translated by Eleanor and Friedrich Jensen. New York: Greenberg, 1930.

The Pattern of Life. Edited by Walter B. Wolfe. New York: Greenberg, 1930.

The Problem Child: The Life Style of the Difficult Child as Analyzed in Specific Cases (original German, 1930). Translated by G. Daniels. New York: Capricorn Books, 1963.

What Life Should Mean to You. Edited by Alan Porter. Boston: Little, Brown, 1931.

Religion und Individualpsychologie (Religion and Individual Psychology). Vienna, Leipzig: Passer, 1933. With Ernst Jahn. For partial English translation, see: Superiority and Social Interest, 1964.

Social Interest: A Challenge to Mankind (original German, 1933). Translated by J. Linton and R. Vaughan. London: Faber & Faber, 1938.

The Individual Psychology of Alfred Adler: A Systematic Presentation in Selections from his Writings. Edited by Heinz L. and Rowena R. Ansbacher. New York: Basic Books, 1956.

Superiority and Social Interest: A Collection of Later Writings. Edited by Heinz L. and Rowena R. Ansbacher. Evanston, Ill.: Northwestern University, 1964.

Cooperation Between the Sexes. Edited and translated by Heinz L. and Rowena R. Ansbacher. Garden City, N.Y.: Doubleday, 1978.

For books about Alfred Adler:

Bottome. Phyllis. *Alfred Adler: Apostle of Freedom*. New York: G. P. Putnam's Sons, 1939.

Hoffman, Edward. *The Drive for Self: Alfred Adler and the Founding of Individual Psychology*. N.Y.: Addison-Wesley Pub. Co., 1994.

德雷克斯的著作

Adult-Child Relations. Chicago: Adler School of Professional Psychology, June 1972.

Children: The Challenge. With Vicki Soltz. New York: Penguin Plume, 2012.

Psychology in the Classroom. 2nd Ed. New York: Harper & Row, 1972.

Coping with Children's Misbehavior: A Parents' Guide. Portland, OR: Hawthorne Books, 1972.

Maintaining Sanity in the Classroom. With Bernice Bronia Grunwald and Floy C. Pepper. Philadelphia, PA: Taylor and Francis, 1998.

A Parent's Guide to Child Discipline. With Loren Grey. Portland, OR: Hawthorn e Books, 1970.

Logical Consequences. New York: Penguin/Plume, 1990.

Discipline Without Tears: How to Reduce Conflict and Establish Cooperation in the Classroom. With Pearl Cassel and Eva Dreikurs Ferguson. Toronto, Canada: John Wiley & Sons, Inc., 2004.

An Introduction to Individual Psychology. London, England: K. Paul, Trench, Trubner, 1935.

The Challenge of Parenthood. New York: Penguin/ Plume, 1991.

Encouraging Children to Learn. With Don Dinkmeyer, Sr. New York: Routledge, Taylor and Francis Group, 2000.

Social Equality: The Challenge of Today. Chicago: Adler School of Professional Psychology, 2012.

The Challenge of Marriage. New York: Penguin/ Plume, 1998.

A New Approach to Discipline: Logical Consequences. With Loren Grey. New York: Penguin/ Plume, 1993.

Child Guidance and Education: Collected Papers. Chicago: Adler School of Professional Psychology, 2009.

Fundamentals of Adlerian Psychology. Chicago: Adler School of Professional Psychology, 1990.

Psychodynamics, Psychotherapy, and Counseling: Collected Papers. Chicago: Adler School of Professional Psychology, 2009.

Multiple Psychotherapy. With Harold Mosak and Bernard Shulman. Chicago: Adler School of Professional Psychology, 1984.

For a book about Rudolf Dreikurs:

Terner, Janet R., W. L. Pew, Robert A. Aird. *The Courage to be Imperfect: The Life and Work of Rudolf Dreikurs*. New York: Hawthorn Books, 1978.

阿德勒語錄

摘自阿德勒的個體心理學[58]

1.生活中所有主要的問題都來自於人際之間能否合作的問題。[59]

2.歸屬感、社會情懷會在兒童心中生根發芽，只有當個體處於最嚴重的精神病態狀況下才會改變流失。[60]

3.生命的意義在於爲整體社會做出貢獻。[61]

4.每個人都在努力追求意義，但如果人們沒有看到生命整體的意義在於對他人的存在有所貢獻，他們就會容易犯錯。[62]

5.對自身同胞不感興趣的人，將會迎來生活中的艱鉅困難，並給他人帶來極大的傷害。人類發展的失敗就是從這些人當中產生的。[63]

6.最艱困的問題解決方案始終來自於永不停歇的創造性思維。[64]

7.若只想根據內在驅力來建構心理學，不考慮孩子內在擁有能引導、塑造並形成有意義目標的創造性能量，那終究會是徒勞無功的。[65]

8.一個人的行爲是出自他的觀點判斷。…我們的感受並非出於客觀事實，而是來自對其外在環境所做出的主觀描述。[66]

9.我相信個人在最初的童年時期擁有自由的創造性能量，然而一旦他爲自己的生活設下固定規範，這股創造性的動能在接下來的人生則將因此受到限制。[67]

10.遺傳賦予個體某些能力，環境帶給個體特定的印象。這些能力和印象，以及個體「體驗」並詮釋這些體驗的方式，都將成爲素材。就像堆疊一塊塊磚塊一般，個體會以具有創意的方式建立自己對生活的態度。個體運用這些素材的獨特方式，亦即他面對生活的態度，將決定他與外在環境的關係。[68]

11.有時嘴巴會說謊，或是頭腦想不明白；但身體回饋的感受總是誠實的。[69]

德雷克斯語錄

以下引文是在一本名爲《德雷克斯名言》（Dreikurs Sayings）的小冊子中找到的。

1.一個小小的微笑，一次因仁慈展現的耐心，一個充滿柔情的吻，一句眞摯的愛，都可能會產生奇蹟。[70]
2.明確定義的規範能在社會架構中提供安全感和對社會功能的篤定感，失去界限將會使孩子感到整體的損耗。自由意味著秩序，沒有秩序，就沒有自由。[71]
3.我們需要新的教養原則來取代過時的傳統方法。我們不再強迫孩子們遵從；而是必須用激勵和鼓勵來促使他們自願共同維持秩序。[72]
4.如果父母認爲可以迫使他們的孩子屈服於自己的權威，他們就無法與孩子好好相處。[73]
5.安全感來自於一種能夠有效處理生活中任何事物的感覺。[74]
6.訓練孩子的正確方式就是與適當對待他人的方式相同。[75]
7.家長應該強調正確的作法，而不是禁止發生錯誤。[76]
8.父母間的競爭越少，孩子們之間的差異就越小。[77]
9.如果大人給予孩子們機會嘗試，他們能在很小的時候就承擔起責任。[78]
10.如果我們不再關心自己的成功和失敗，我們就能變得自由。[79]
11.氣餒是所有不當行爲的根源。[80]

12.鼓勵是增強自信心和對自己的尊重。[81]
13.自卑感會削弱我們的勇氣並引起恐懼。[82]
14.我們只在覺得平等的時候才能感到和諧。[83]
15.恐懼是一種錯誤判斷，會導致自我懷疑是否擁有能處理事情的能力。[84]
16.如果一個人確信自己缺乏內在資源，就無法運用自己的內在資源。[85]
17.人類所有的行爲都是有目的性的。[86]
18.每個人都喜歡被認可，確信自身價值不需依賴於被認可的人，就能擁有自由。[87]
19.指責無法促進合作。[88]
20.在民主時代，我們的責任是決定自己將要做什麼，而不是他人應該做什麼。[89]
21.我們能發揮多少潛能取決於我們在群體中擁有多少歸屬感。[90]
22.只有在感到有歸屬感的地方，我們才會有較高的承受度來從容應對生活中可能遭遇的一切。[91]
23.我們必須習慣這個觀念：在民主氛圍中，自由和秩序是密不可分的。[92]
24.家庭是我們建立與人打交道時的態度和方法的試驗場。[93]

心理學家們所描述的阿德勒

我在 1924 年就認識了阿德勒，我怎麼能不愛他這個人呢？我和他一起工作直到 1927 年，因此，我怎麼能不欽佩他這位科學家呢？阿德勒是第一個擁有足夠創造力來反對西格蒙德·弗洛伊德（Sigmund Freud）的人，是他讓心理學不再將人視爲驅力和本能操弄下的產物、棋子或受害者，相反地，驅力和本能反而形成素材，提供人們運用在表達和行動之中，因此他的成就可說是不亞於哥白尼·史瑞奇（Copernican Switch）。除此之外，阿德勒更能被視爲是存在主義思想家，和存在主義精神醫學的先行者。

——弗蘭克（Victor E. Frankl）
存在主義精神病學先驅[94]

對我來說，阿德勒的思想年復一年地變得越來越正確。隨著現代眞實逐漸顯現，它們越來越有力地支持阿德勒對人的描繪…尤其是…他所強調的整體觀。

——馬斯洛（Abraham Maslow）[95]

我自己的理情心理治療取向深受阿德勒的影響。現今許多治療師提倡的實證心理治療取向，如莫雷諾（Moreno）、已故的皮爾斯（Perls）、舒茲（Schutz）、德雷克斯（Dreikurs）、艾克曼（Ackerman）、我，還有許多其他治療師，都受惠於阿德勒開創性的研究論述。時至今日，很難找到任何受敬重的治療師，沒有受到阿德勒個體心理學的影響。

——艾利斯（Albert Ellis）[96]

阿德勒是第一個主張神經症患者不是因爲過往經歷導致痛苦的人；他認爲是病患創造了症狀。

——布魯姆（Harold Bloom）[97]

我曾有幸聆聽和觀察阿德勒博士的講學並與之討論。阿德勒博士能夠以非常正面、看似簡單的方式直接與孩子和家長建立關係，這讓我深感震驚。我後來才明白，自己從他身上學到了多少東西。

——羅傑斯（Carl Rogers）
個人中心治療取向創始者
曾於 1927 和 1928 年師從阿德勒[98]

民主、平等、互惠與合作的概念在弗洛伊德的著作中從未被討論過。相對地，阿德勒自在地表達了道德理想或心理健康的人際關係是奠基於高度的社會情懷和合作性。我相信在人類心理學和心理治療領域中，阿德勒對於道德問題的貢獻已被公認超越了他的時代。

——薩斯（Thomas Szasz）[99]

阿德勒很可能是當今美國對於人性了解最準確也最獨創的外國心理學家。……他與我們分享人們與生俱來所擁有的美德和缺點……他洋溢著勇氣和能量。當代的科學家，要嘛是像弗洛伊德那樣堅硬、冰冷、高效的機器，要嘛是像阿德勒那樣令人心動、效能完全不輸其他人的人類。

——斯邁瑟（William L. Smyser）[100]

我對神話的概念與阿德勒對虛構目的的想法非常相似。事實上，我越來越欣賞阿德勒（在我漠視他幾年之後）。我是在 1932 年和 1933 年的夏天在維也納與他一起進修時才了解他的思想，這不只間接促使我踏進心理學領域，也對後來在這個郡工作的蘇利文（Sullivan）和懷特（William Alanson White）等人產生很大的影響。

——羅洛梅（Rollo May）
他也曾與阿德勒一起學習[101]

個體心理學對當代心理學的影響是毋庸置疑的。除了阿德勒之外，要找到另一位同樣被四面八方借用這麼多論述卻沒有獲得承認的作者是很不容易的，以法國諺語來形容，他的教導已經變成了「露天採石場」，意思是說，這是無論任何人都可以毫無顧忌地來此提取任何東西的地方。

——艾倫伯格（Henri Ellenberger）[102]

我確實認爲自己是屬於阿德勒學派取向的……。

——貝克（Aaron T. Beck）

認知治療取向創始者[103]

在心理治療和教育領域中，阿德勒主要聚焦於鼓勵父母和老師透過培養孩子的社會情懷，預防或改正孩子受寵溺所導致的惡果。有趣的是，現今許多人關注的「自戀型人格疾患」，在某些方面和阿德勒所述「寵溺」的生活方式正好相似……。

——霍爾（CalvinS. Hall）

和林齊（Gardner Lindzey）[101]

平等／不平等

（在人際關係中）

摘自 Betty Lou Bettner and Emily Thorn（1979）

平等（平權）	不平等（特權）
每個人都是獨一無二、不同於其他人，每個人都自有其價值	有些人比其他人更有價值，因為他們擁有某些特質（職位、財富、教育等）
每個人都有發表意見的權利	有些人有權發表意見，其他人只能夠聽從
規則適用於所有人	規則適用於某些人
所有人都受到同等尊重	只有一些人受到尊重
每個人都共同分擔責任	有些人可以免除責任
情勢所需是主要考量	先後順序（安排地位）是優先考量
通過共識解決衝突	依據上位者的利益解決衝突

平等和不平等的共通點是兩者都需要受到團體成員的允許才能維持。

作為教育者的醫師

摘自 Alfred Adler（1936）
成功教養孩子的重要原則

1.贏得孩子的愛。
2.採用對於孩子能力的信任感來支持孩子進步，這讓他們有勇氣相信自己的力量可以決定命運。
3.在任何情況下，孩子都不應該害怕教導他的人，因爲這會剝奪孩子的自信心，並造成孩子極大的困惑。
4.鼓勵優於懲罰和糾正，鼓勵的重點在於找出造成錯誤的本質和選擇更適當的行爲。
5.提供選項比要求盲目服從更好。

成就伴侶關係

摘自 Alfred Adler（1936）

以下有關成功婚姻的秘訣，引用自阿德勒的《兩性合作》（Cooperation Between the Sexes），該書由安斯巴可（Heinz L. Ansbacher）、安斯巴可（Rowena R. Ansbacher）編輯和翻譯。[105]

1.不要崇拜你的伴侶，也不要輕視。平等對待愛情。
2.不要對別人有不切實際、甚至連你自己都做不到的完美期待。愛一個女人，而不是一個天使；愛一個人，而不是虛幻的理想。
3.不要只想著「我」或是「你」跟「我」，而是「我們」。
4.在親密關係中，不要只索取，不給予；也不要只給予，不拿取。
5.不要選擇一個在生理上對你來說沒有吸引力的伴侶，更不要把你的命運與一個只在生理上吸引你的人糾纏在一起。
6.要能在每一個層面上與你的伴侶合作——在社交、經濟、知性、靈性、情感和生理上。
7.不要迷失在死胡同裡，總會有一條路能走出情緒的迷宮——所有人基本上都是正常人。
8.既不要成爲習俗的奴隸，也不要成爲你自身特質的奴隸。記住，你不僅僅是一個個體，你是你所擁有的社會群體關係和人類物種特性的整體集合。

親密關係的任務

摘自 Alfred Adler（1930）

以下提高婚姻親密程度的訣竅引用自阿德勒的書籍《兩性合作》（Cooperation Between the Sexes）中，由安斯巴可（Heinz L. Ansbacher）、安斯巴可（Rowena R. Ansbacher）編輯和翻譯。[106]

1. 婚姻的根本保障和這段關係中幸福（happiness）的意義，在於你感覺自己是有價值的、你是無可取代的、你的伴侶需要你、你表現得很好、你是一個夥伴／伴侶（fellow/partner）以及真正的朋友。[107]
2. 親密關係是兩個個體的共同任務。對於很多人來說，這勢必是一項新任務。某種程度來說，我們受過單獨工作的訓練，也在某種程度上受訓與一群人進行團隊合作，但是我們通常很少遇到兩兩共同合作的經驗。[108]
3. 當彼此間相互平等時，他們總會找到共同解決困難的方法。[109]
4. 在相互合作的任務當中，合作夥伴不可能接受次等的地位。如果一方想要統治和強迫另一方服從，雙方生活在一起將無法經營出豐富美好的生活。當彼此間相互平等時，他們總會找到共同解決困難的方法。[110]
5. 如果我們父母的婚姻關係是和諧的，我們就能對親密關係做更好的預備。孩子是從父母的日常相處中獲得對婚姻的最初印象，如果父母間不能彼此合作，他們就不可能教導他們的孩子如何合作。[111]

6.最糟糕的婚姻預備，是讓個體無時無刻處在需要尋求各種自身利益的狀態。如果個體以這種方式被教養成長，他們只會在意如何讓自己感到刺激和獲得更多生活樂趣。他們將不斷專注於追求自由和慰藉，永遠不會考慮如何能讓伴侶的生活變得更自在和豐富。[112]

7.如果我們認爲只需要承擔幾年的責任，或者把婚姻當作是一段試用期，那麼就不可能擁有眞正全然投入的親密愛情。[113]

8.一個在原生家庭受到寵溺的孩子，在婚姻中常常會覺得被忽視。當兩個被嬌生慣養的孩子結婚時，雙方都會向對方索討關懷與注意，但彼此都不會滿足。於是下一步就會尋找方法想要逃離關係。[114]

9.學習交朋友是在爲步入婚姻所做的一項準備。[115]

10.爲了正確選擇伴侶，除了身體和智能的適配性與吸引力之外，還應考慮對方在以下幾個面向的發展，如此較能確認伴侶擁有充足的社會情懷：維持友誼的能力、對工作保持熱忱的能力、關懷對方更甚於在意自己。[116]

11.在德國，有一種古老的習俗現今仍偶爾會舉行，它的精神與阿德勒的教導相符，認爲美滿的婚姻在於兩個平等伴侶間的合作。儀式結束後，這對佳偶會被要求以一把雙頭鋸（double-handled saw）合力鋸樹，這是一個測試兩人是否適配的眞實任務。阿德勒非常喜歡這個故事並且經常提到它。爲了完成這項任務，雙方需要非常關注對方的動作。這種習俗能夠讓這對伴侶體認到：雙方應該一起面對生活中的所有事情，他們必須一起迎向艱鉅的任務，但總能先苦後甘。[117]

12.這封祝賀他的大女兒和她丈夫結婚的信，幾乎總結了所有阿德勒對成功婚姻的建議：

親愛的瓦爾和親愛的喬治：

我向你們致以最誠摯的問候，並把你們抱在懷裡，全心全意地祝賀你們。我的思念永遠與你們同在。

不要忘記，婚姻生活是一項任務，你們雙方都必須以喜悅的心情共同承擔。

請記住，一夫一妻制的生活方式是性文化中最美好的結合關係（the finest flower of sex culture）。

我要求你們用勇敢的決心充實自己，要多考慮對方更甚於關注自己，並且持續不斷嘗試讓對方的生活更自在、更美好。

別讓你們當中的任何一方變成像是另一方的下屬，沒有人能忍受這種態度。

不要讓其他人過度影響你們的婚姻關係，只需要和真誠關心你們的人交朋友。

許多親吻和問候，爸爸[118]

芬蘭的教育體系

阿德勒定期在開放論壇中心（opcn forum centers）培訓教育工作者，德雷克斯則書寫關於教育實踐的書籍，因為兩人都意識到，幫助孩子的最好方法是為他們生活中的主要成年人——父母和老師提供培訓。

面對當今教育中的所有問題，阿德勒和德雷克斯會認為什麼樣的教育體系，也同樣能善用「鼓勵」來引導和輔導孩子呢？這個答案可能會是目前眾所周知，並被列為世界上最有效的教育體系之一的芬蘭教育體系。自 2000 年以來，芬蘭以及韓國和新加坡在閱讀、數學和科學方面的教育成就，在所有研究調查中均位居第一或名列前茅。[119]

以下列舉他們如何取得成功的：

1.每個孩子都是平等的、珍貴的，而且每個孩子都是有價值的。沒有特殊教育或天才課程。每個孩子都獲得他所需要的東西，他們重視平等更勝於卓越。

2.兒童被視為國家最寶貴的資源。他們七歲開始上學，學校系統 100%由國家資助。

3.自 1980 年代以來，教育政策一直堅持無論家庭背景、收入或地理位置如何，每個孩子都應該有完全相同的學習機會。他們相信專注於維持平等氛圍，能夠創造卓越的學術成就。

4.11 歲之前沒有家庭作業或成績評比。

5.他們讓孩子學會如何學習，而不是如何參加考試。有30%的兒童在上學最初的九年期間得到額外幫助。

6.玩耍很重要，所以每天課間有 15 分鐘的戶外玩耍時間，一天總共有 75 分鐘。

7.政府爲五歲兒童提供有補貼的日托和學前班，上課內容以玩耍和社交爲重點。

8.父母養育的每個孩子都會有政府提供每月津貼補助直到 17 歲，因此家庭貧困的情形相當低。

9.除了高中最後一年的一次考試外，期間沒有其他標準化的考試，而且有些考試分數的表現仍是世界上最高的。

10.教師們都接受過培訓，有能力運用自己研發的獨立測試來評估孩子的學習狀況。

11.他們很少要求家庭作業，而是鼓勵讓孩子參與更有創意的遊戲。

12.芬蘭沒有私立的中小學或是大專院校。

13.獲得全額資助的碩士學位是進入一個專業領域的必須條件，而教師培訓課程就設立在全國精選的專業學校中。成爲一名教師約需要花費五到七年的時間。

14.教師人選是從表現最優異的前 10%畢業生中選出。2010 年有 6,600 名申請者競爭 660 個學校培訓的缺額，這些缺額自 2008 年的年薪起薪（不含年功俸）爲 29,000 美元。

15.芬蘭沒有所謂明星學校或明星教師的排行榜。

16.教育政策的主要推動力量不是競爭，而是以合作爲基礎。

17.家長可以選擇帶孩子去另一所學校，但學校都是一樣的，所有學校都擁有安全、健康的環境。
18.所有學生都享有免費校餐、易於申請的醫療保健、心理諮商服務和個別化的學習指導。
19.芬蘭每名學生的花費比美國少約 30%。
20.科學班的學生人數上限爲 16 人，以便他們可以在每堂課實際操作實驗。
21.教師每天花四小時進行課堂教學，每週花兩個小時研修專業發展。他們被視爲專業人士並受到高度尊重。
22.核心科目很重要，但家政、音樂、藝術、木工、體能訓練、運動和外語也同樣重要。
23.青少年享有很多自由來決定自己的課程安排。
24.他們的移民率不斷上升，但各項政策管理仍繼續保持良好狀態。
25.從 13 歲到 16 歲，所有學生都有權接受每週兩小時的教學輔導和諮商。
26.家庭生活艱難、缺乏動力、面臨輟學危機的學生是全體教師的共同責任，一位曝險少年會有五名教師負責協助。
27.孩子能夠獲得支持和尊重，學校擁抱平等、自由和創造力。
28.芬蘭兒童的焦慮程度非常低。

93%的芬蘭人畢業於普通或職業高中，比美國高 17.5%，其中 66%的人會繼續升學，是歐盟各國中比例最高的國家，芬蘭提供每名學生的教育經費，但每名學生的花費比美國少約 30%。

德雷克斯教養孩子的訣竅

Betty Lou Bettner 整理

1.幫助所有家庭成員（包括你自己）找到他們的歸屬感。
2.幫助孩子感受到存在的意義。向他們表明他們很重要，做出了貢獻，在家中是被需要的。
3.請求並給予尊重。
4.將家庭規範和生活常規視爲相互尊重的一種形式。
5.不要寵溺，也不要脅迫。
6.維持堅定而友善的態度。堅定要求尊重，友善給予孩子尊重，堅定並仍維持友善態度。
7.始終尋找共同點來建立和保持彼此之間的善意。
8.了解影響孩子的各種因素，例如遺傳、父母價值觀、教養方式、家庭氣氛和出生序等因素。
9.問問自己：「我的孩子會怎麼看？」嘗試同時看見問題的正反兩面。
10.尋找優勢。拿下「消極」的標籤，看看他們「積極」的那一面——想想看你是給他貼上專横或是領導、吵雜還是友善的標籤呢？
11.你的態度要表現得「彷彿」你的孩子能做到。每個人都需要被賦予信任。
12.避免羞辱、批評和指出錯誤。
13.問問自己：「我接下來打算要說的話，會讓我的孩子更願意嘗試，還是更不願意？」
14.誠懇地給予讚賞和感激。

15.不要爲孩子感到遺憾。我們只爲那些被認爲無法處理生活問題的人感到遺憾，感到遺憾是一種貶低他人的方式。
16.理解孩子行爲背後的目的。你看到的行爲不是問題——這是孩子爲了解決問題而創造的行動方案。
17.避免給予過度的關注和娛樂。
18.從衝突中退出，避免在衝突中壓制一切，被打敗的孩子會產生新的問題。
19.避免傷害回去。沒有人想傷害別人！會出現傷害他人的行爲，通常是爲了試圖傷害回去。
20.多一點行動，少一點言語。
21.強調做事的樂趣，例如:「看起來你很享受呢！」而不僅僅只是把事情做完。
22.強調未來可以採取的方法，例如:「你覺得可能將發生什麼事？有什麼原因讓你認爲這不會起作用？你從這個做法當中學到了什麼？如果下次還有機會，你會有什麼不同的作法？」
23.一次解決一個問題。成功解決一個小問題就能重振信心。
24.給予孩子選擇，讓孩子學到他們的行爲會帶來相對應的結果。
25.避免懲罰和獎勵，這會干擾孩子對於被尊重和有價值的感受。
26.贏得合作而不是要求遵守規範。
27.傾聽孩子的聲音。
28.定期召開家庭會議，並把「表揚」納入議程。
29.引導孩子走向成就，不要催促或強迫。
30.互相欣賞。

引用來源

1.James, W. "Pragmatism's Conception of the Truth(Lecture 6)." *Pragmatism: A New Name for Some Old Ways of Thinking*. New York: Longman Green, 1907, p. 76.

2.Dreikurs, R., M.D., and V. Soltz, R.N., *Children: the Challenge*. New York: Penguin Books, 1964.

3.Ansbacher, H.L., and R.R. Ansbacher. *The Individual Psychology of Alfred Adler*. New York: Basic Books, 1956.

4.Dreikurs and Soltz, *Children: the Challenge*.

5.Dreikurs and Soltz, *Children: the Challenge*.

6.Dreikurs and Soltz, *Children: the Challenge*. P. 282.

7.Dreikurs and Soltz, *Children: the Challenge*, p. 296.

8.Dreikurs and Soltz, *Children: the Challenge*, p. 300.

9.Shifron, Rachel. "Adler's Need to Belong as the Key for Mental Health." *Journal of Individual Psychology*. 66(1). (Spring, 2010), p. 10.

10.Ferguson, E.D. "Adler's Psychology. Contributions Regarding the Need to Belong." *Journal of Individual Psychology*, 66.1(2010), p. 1-7.

11.Ansbacher, Heinz L., and Rowena R. Ansbacher. *Adler, Alfred Adler: Co-Operation Between The Sexes: Writings on Women, Love and Marriage, Sexuality, and Its Disorders*. Garden City, NY: Anchor Books, 1978, p. 176.

12.Schultz, Philip. *My Dyslexia*. New York, NY: W. W. Norton & Company, 2011.

13.Dreikurs, Rudolf. *Social Equality: The Challenge of Today*. Chicago: Adler School of Professional Psychology. (1971), p. 108.

14.Dreikurs and Soltz, *Children: the Challenge*, p. 22.

15.Dreikurs and Soltz, *Children: the Challenge*, p. 19.

16.Dreikurs and Soltz, *Children: the Challenge*, p. 15.

17.Ansbacher, H.L., and R.R. *Ansbacher. Adler, Alfred Adler: Co-Operation Between The Sexes: Writings on Women, Love and Marriage, Sexuality, and Its Disorders*. Garden City, N.Y.: Anchor Books, 1978.

18.Shifron, R. Personal communication to the author. 22 July 2009.

19.Dreikurs and Soltz, *Children: the Challenge*, p. 36.

20.Dreikurs and Soltz, *Children: the Challenge*, p. 15.

21.Dreikurs and Soltz, *Children: the Challenge*, p. 38.

22.Coughlan, R. "Dr. Edward Tellers's Magnificent Obsession." *Life Magazine*. (6 September 1954), p. 62.

23.Dreikurs and Soltz, *Children: the Challenge*, p. 55.

24.Dreikurs and Soltz, *Children: the Challenge*, p. 56.

25.Deci, E.L. with R. Flaste. *Why We Do What We Do, Understanding Self- Motivation*. New York, NY: Penquin Books, 1996, p. 10.

26.Deci and Flaste, *Why We Do What We Do, Understanding Self-Motivation*, p. 59.

27.Weiner, B. *Achievement Motivation and Attribution Theory*. Morristown, NJ: Genera l Learning Press, 1974.
28.Bronson, P. "How Not to Talk to Your Kids." NYMag.com. N.p., 3 Aug. 2007. Web.<http://nymag.com/news/features/27840/>.
29.Dreikurs and Soltz, *Children: the Challenge*, p. 58.
30.Dreikurs and Soltz, *Children: the Challenge*, p. 61.
31.Dreikurs and Soltz, *Children: the Challenge*, p. 62.
32.Dreikurs and Soltz, *Children: the Challenge*, p. 63.
33.Dreikurs and Soltz, *Children: the Challenge*, p. 139.
34.Dreikurs and Soltz, *Children: the Challenge*, p. 143.
35.Yotam, A. Proceedings of ICASSI. Limerick, Ireland: ICASSI, 1991.
36.Dreikurs and Soltz, *Children: the Challenge*, p. 148.
37.Dreikurs and Soltz, *Children: the Challenge*, p. 87.
38.Dreikurs and Soltz, *Children: the Challenge*, p. 88.
39.Dreikurs and Soltz, *Children: the Challenge*, p. 164.
40.Ferguson, E.D. personal communication, 13 April 2014.
41.Dreikurs and Soltz, *Children: the Challenge*, p.69.
42.Dreikurs and Soltz, *Children: the Challenge*, p. 72.
43.Dreikurs and Soltz, *Children: the Challenge*, p. 74.
44.Dreikurs and Soltz, *Children: the Challenge*, p. 75.
45.Conway, C. Personal conversation with the author. July 2009.
46.Dreikurs, R. *The Challenge of Parenthood*. New York: Plume, 1948, p. 80.

47.Dreikurs and Soltz, *Children: the Challenge*, p. 301.
48.Dreikurs and Soltz, *Children: the Challenge*, p. 305.
49.Bettner, B.L. an d A. Lew. *Raising Kids Who Can*. Newton Centre, MA. Connexions Press, 1990.
50.Bettner and Lew, *Raising Kids Who Can*, p. 41-42.
51.Dreikurs, R. *Social Equality: The Challenge of Today*. Chicago: Adler School of Professional Psychology. (1971), p. 151.
52.Dreikurs, R. *Social Equality: The Challenge of Today*. Chicago: Adler School of Professional Psychology. (1971), p. 108.
53.Dreikurs and Soltz, *Children: the Challenge*, p. 153.
54.Hoffman, E. *The Drive for Self: Alfred Adler and the Founding of Individual Psychology*. New York: Addison-Wesley Pub. Co., 1994, p. 42.
55.Smyser, W. *Father of The Inferiority Complex: The Psychological Theories of Dr. Alfred Adler*. New York Herald Tribune, (17 March 1929).
56.Clark, K.B. "Implications of Adlerian Theory for an Understanding of Civil Rights Problems and Action." *Journal of Individual Psychology*, 23.2(1967), p. 181.
57.Carlson, J., Watts, RE., & Maniacci, M.P. *Adlerian Therapy: Theory and Practice*. Washington, DC: American Psychological Association, 2006.

58.Ansbacher, H.L., and R.R. Ansbacher. *The Individual Psychology of Alfred Adler*. New York: Basic Books, Inc., 1956.

59.Ansbacher and Ansbacher, *The Individual Psychology of Alfred Adler*, p. 131.

60.Ansbacher and Ansbacher, *The Individual Psychology of Alfred Adler*, p. 138.

61.Ansbacher and Ansbacher, *The Individual Psychology of Alfred Adler*, p. 153.

62.Ansbacher and Ansbacher, *The Individual Psychology of Alfred Adler*, p. 156.

63.Ansbacher and Ansbacher, *The Individual Psychology of Alfred Adler*, p. 161.

64.Ansbacher and Ansbacher, *The Individual Psychology of Alfred Adler*, p. 174.

65.Ansbacher and Ansbacher, *The Individual Psychology of Alfred Adler*, p. 177.

66.Ansbacher and Ansbacher, *The Individual Psychology of Alfred Adler*, p. 182.

67.Ansbacher and Ansbacher, *The Individual Psychology of Alfred Adler*, p. 186.

68.Ansbacher and Ansbacher, *The Individual Psychology of Alfred Adler*, p. 206.

69.Ansbacher and Ansbacher, *The Individual Psychology of Alfred Adler*, p. 434.

70. Shoenaker, T. and E.D. Ferguson, eds. *Dreikurs Sayings*. ICASSI (International Committee of Adlerian Summer Schools and Institutes), 2000, p. 4.
71. Shoenaker, T. and E.D. Ferguson, eds. *Dreikurs Sayings*. p. 5.
72. Shoenaker, T. and E.D. Ferguson, eds. *Dreikurs Sayings*. p. 6.
73. Shoenaker, T. and E.D. Ferguson, eds. *Dreikurs Sayings*. p. 7.
74. Shoenaker, T. and E.D. Ferguson, eds. *Dreikurs Sayings*. p. 5.
75. Shoenaker, T. and E.D. Ferguson, eds. *Dreikurs Sayings*. p. 5.
76. Shoenaker, T. and E.D. Ferguson, eds. *Dreikurs Sayings*. p. 6.
77. Shoenaker, T. and E.D. Ferguson, eds. *Dreikurs Sayings*. p. 8.
78. Shoenaker, T. and E.D. Ferguson, eds. *Dreikurs Sayings*. p. 8.
79. Shoenaker, T. and E.D. Ferguson, eds. *Dreikurs Sayings*. p. 9.
80. Shoenaker, T. and E.D. Ferguson, eds. *Dreikurs Sayings*. p. 5.
81. Shoenaker, T. and E.D. Ferguson, eds. *Dreikurs Sayings*. p. 10.

82.Shoenaker, T. and E.D. Ferguson, eds. *Dreikurs Sayings*. p. 10.

83.Shoenaker, T. and E.D. Ferguson, eds. *Dreikurs Sayings*. p. 12.

84.Shoenaker, T. and E.D. Ferguson, eds. *Dreikurs Sayings*. p. 12.

85.Shoenaker, T. and E.D. Ferguson, eds. *Dreikurs Sayings*. p. 14.

86.Shoenaker, T. and E.D. Ferguson, eds. *Dreikurs Sayings*. p. 15.

87.Shoenaker, T. and E.D. Ferguson, eds. *Dreikurs Sayings*. p. 15.

88.Shoenaker, T. and E.D. Ferguson, eds. *Dreikurs Sayings*. p. 17.

89.Shoenaker, T. and E.D. Ferguson, eds. *Dreikurs Sayings*. p. 18,

90.Shoenaker, T. and E.D. Ferguson, eds, *Dreikurs Sayings*. p. 19.

91.Shoenaker, T. and E.D. Ferguson, eds. *Dreikurs Sayings*. p. 20.

92.Shoenaker, T. and E.D. Ferguson, eds. *Dreikurs Sayings*. p. 20.

93.Shoenaker, T. and E.D. Ferguson, eds. *Dreikurs Sayings*. p. 24,

94.Frankl, V. "Tributes to Alfred Adler on his 100th birthday." *Journal of Individual Psychology*, 21(1), 12(1970).

95.Maslow, A. "Tributes to Alfred Adler on his 100th birthday." *Journal of Individual Psychology*, 21(1), 12(1970).

96.Ellis, A. "Tributes to Alfred Adler on his 100th birthday." *Journal of Individual Psychology*, 21(1), 11(1970).

97.Bloom, H. "Sigmund Freud." New York: Chelsea House, 1985, p. 57.

98.Ansbacher, H.L. "Alfred Adler's Influence on the Three Leading Cofounders of Humanistic Psychology." *Journal of Humanistic Psychology*, 30, p. 47(1990).

99.Szasz, TS. "The Myth of Mental Illness: Foundations of a Theory of Personal Conduct. "New York: Perennial Library, 1961, pp. 266-267.

100.Smyser, W.L. "Fat her of the Inferiority Complex. "*New York Herald*, March 17, 1929.

101.May, R. "Tributes to Alfred Adler on his 100th birthday." *Journal of Individual Psychology*, 21(1), 13(1970)

102.Ellenberger, H. "The Discovery of the Unconscious." New York: Basic Books, Inc., (1970). p. 645.

103.Beck, A.T. From a letter dated August 24, 1989 to Betty Lou Bettner.

104.Hall, C.S., G. Lindzey, J.C. Loehlin, and M. Manosevitz. "Introduction to Theories of Personality." Hoboken, NJ: John Wiley & Sons, Inc. 1985, p. 156.

105.Ansbacher, H.L., and R.R. *Ansbacher. Alfred Adler: Co-Operation Between The Sexes: Writings on Women, Love and Marriage, Sexuality, and Its Disorders*. Garden City, N.Y.: Anchor Books, 1978, p. 324-325.

106.Ansbacher and Ansbacher, *Alfred Adler: Co-Operation Between The Sexes*, p. 324-325.

107.Ansbacher and Ansbacher, *Alfred Adler: Co-Operation Between The Sexes*, p. 125.

108.Ansbacher and Ansbacher, *Alfred Adler: Co-Operation Between The Sexes*, p. 124.

109.Ansbacher and Ansbacher, *Alfred Adler: Co-Operation Between The Sexes*, p. 125.

110.Ansbacher and Ansbacher, *Alfred Adler: Co-Operation Between The Sexes*, p. 125.

111.Ansbacher and Ansbacher, *Alfred Adler: Co-Operation Between The Sexes*, p. 129.

112.Ansbacher and Ansbacher, *Alfred Adler: Co-Operation Between The Sexes*, p. 129.

113.Ansbacher and Ansbacher, *Alfred Adler: Co-Operation Between The Sexes*, p. 130.

114.Ansbacher and Ansbacher, *Alfred Adler: Co-Operation Between The Sexes*, p. 132.

115.Ansbacher and Ansbacher, *Alfred Adler: Co-Operation Between The Sexes*, p. 134.

116.Ansbacher and Ansbacher, *Alfred Adler: Co-Operation Between The Sexes*, p. 325.

117.Ansbacher and Ansbacher, *Alfred Adler: Co-Operation Between The Sexes*, p. 328-29.

118.Bottome, Phyllis. *Alfred Adler: Apostle of Freedom*. New York: G. P. Putnam's Sons, 1939.

119.Gross-Loh, C., PhD. *Parenting Without Borders: Surprising Lessons Parents Around The World Can Teach Us*. New York, NY: Penguin Group, 2013.

120.Dreikurs, S.E.(Tee) International Committee of Adlerian Summer Schools and Institutes(ICASSI) booklet, 2014. www.icassi.net

國家圖書館出版品預行編目資料

心理健康—歸屬與勇氣之旅／Betty Lou Bettner 原著；張倪綸翻譯. --初版.--臺中市：白象文化事業有限公司，2023.07
面； 公分
譯自：The six essential pieces of the parenting puzzle
ISBN 978-626-7253-70-0（平裝）
1.CST: 親職教育 2.CST: 子女教育 3.CST: 育兒
528.2 112001490

四C人生：阿德勒心理健康雕塑系列手冊

心理健康—歸屬與勇氣之旅

作　　者　Betty Lou Bettner
譯　　者　張倪綸
總 審 閱　楊瑞珠
發 行 人　張輝潭
出版發行　白象文化事業有限公司
412台中市大里區科技路1號8樓之2（台中軟體園區）
出版專線：（04）2496-5995　傳真：（04）2496-9901
401台中市東區和平街228巷44號（經銷部）
購書專線：（04）2220-8589　傳真：（04）2220-8505
專案主編　陳婕婷
出版編印　林榮威、陳逸儒、黃麗穎、水邊、陳婕婷、李婕
設計創意　張禮南、何佳諠
經紀企劃　張輝潭、徐錦淳、廖書湘
經銷推廣　李莉吟、莊博亞、劉育姍、林政泓
行銷宣傳　黃姿虹、沈若瑜
營運管理　林金郎、曾千熏
印　　刷　基盛印刷工場
初版一刷　2023 年 07 月
定　　價　270 元